儒学的现代人本管理思想价值研究

帅建华 ◎著

中国言实出版社

图书在版编目（CIP）数据

儒学的现代人本管理思想价值研究 / 帅建华著 . --
北京：中国言实出版社，2023.2
ISBN 978-7-5171-4381-9

Ⅰ . ①儒… Ⅱ . ①帅… Ⅲ . ①儒家—哲学思想—研究
②人力资源管理—研究 Ⅳ . ① B222.05 ② F243

中国国家版本馆 CIP 数据核字 (2023) 第 027662 号

儒学的现代人本管理思想价值研究

责任编辑：王战星
责任校对：王建玲

中国言实出版社出版发行
地址：北京市朝阳区北苑路 180 号加利大厦 5 号楼 105 室（100101）
编辑部：北京市海淀区花园路 6 号院 B 座 6 层（100088）
电话：64924853（总编室）　　64924716（发行部）
网址：www.zgyscbs.cn
E-mail: zgyscbs@263.net

经销：新华书店
印刷：北京四海锦诚印刷技术有限公司
版次：2023 年 2 月第 1 版　2023 年 2 月第 1 次印刷
规格：787 毫米 ×1092 毫米　1/16　8.5 印张
字数：182 千字

定价：49.00 元
书号：ISBN 978-7-5171-4381-9

目　录

第一章　现代人本管理理论探析

一、人本管理语义探析

（一）人本管理的现代语义

人本管理已经是现代管理的热门词汇，无论从哪个平台进行检索，都可以找到数以千计、万计乃至百万计的信息。但，关于人本管理的语义问题，却一直以来都没有形成定论。

有人认为："人本管理是一系列以人为中心的管理理论和管理实践的总称。"

有人认为："人本管理是指以个人的合理需要为核心，以成员自我管理为途径，以组织共同目标为引导，创造相应环境条件，满足个人合理需要，开发个人最大潜能，提升组织整体合力，促进人的全面发展，实现个人与组织的和谐发展的一整套管理模式。"

有人认为："人本管理就是以人为本、以人为中心的管理，是全面尊重、启发、引导、规范、放大、激发人性的管理，是在深刻认识到人的主体性作用、决定性作用基础上，在管理中从根本上全面突出以人为本管理的管理思想、管理理论、管理模式、管理方法、管理技术和管理手段。"[①]

有人认为："人本管理，是指在企业经营管理的一切活动中，始终把人放在中心位置；在手段上，着眼于最充分地调动所有员工的工作积极性和人力资源的优化配置；在目的上，追求人的全面发展以及由此而来的企业效益的最大化。"

也有人认为："人本管理即以人为中心的管理思想。是指从管理者的角度对人的本质属性的认识和理论探讨。"企业实行人本管理，"其核心就是以人为中心，理解人、尊重人，激发人的热情，满足人的合理需求，进一步调动人的积极性和首创精神，使员工积极

---

① 郭俊伟. 阳光物流论纲 [M]. 徐州：中国矿业大学出版社，2010:118.

参与企业事务，逐渐形成对企业的归属感，为企业发展贡献自身力量"。

还有人认为："人本管理是相对于'物本管理'而言的，是指在管理中以人为中心，把人当作最重要的资本，尊重人、关心人，一切管理活动以调动人的积极性和创造性、做好人的工作为根本。"[①]

以及还有关于"五个层次""六个要点"等许多关于人本管理的认识和论述。

从以上论述中我们不难看出，尽管他们的表述不同，视角各异，但其核心思想基本一致，即都是围绕现代管理特别是企业管理中对人的尊重、关心和利用，说到底还是对人的价值的肯定、尊重与利用。

（二）人本管理的本真语义

那么，什么是人本管理的本真语义呢？要弄清楚这个问题，我们必须回到"人本"思想的原始语义。

人本管理从理论到实践始于西方，这是无可争议的事实。而且，从传播的媒介和途径来看，都和"Humanism"这个词有关。然而，关于"Humanism"这个词的中译，却存在许多分歧。据董乐山先生考证：

英语原文 humanism 是从德语 Humanismus 译过来的，而德语该词又是德国一位不甚著名的教育家（即指 F.J·尼特哈默——作者注）于一八〇八年在一次关于希腊罗马经典著作在中等教育中的位置的辩论中，根据拉丁文词根 humanus 杜撰的。其实德语该词也不是这位老夫子所独创，早在十五世纪末，意大利的学生就把教古典语言和文学的先生叫 humanista，把教法律的先生叫 legista，他们所教的课程通称为 studia humanistatis，英语译为 humanities，而 humanitatis 又源出 humanitas，意指人性修养。

这里，董乐山先生将"humanism"一词的源出可以说是弄了个水落石出，但对于该词究竟作什么样的中译，有不少人提出了自己的看法。以周辅成为代表，主张把"humanism"译成人道主义，但杨适认为"human 指人，'-ism'是思想、主义，就是道理，合起来就是关于人和人事的道理，即'人道'"。所以，只主张将"humanism"译为"人道"；张椿年先生主张将"humanism"译为人文主义，作为对文艺复兴时期人文思潮的特指，而将

---

① 易向军. 图书馆软环境建设 [M]. 合肥：安徽大学出版社，2011:45.

"humanitarianism"译为人道主义；王若水先生则认为，"humanism 既可译为人文主义，也可以译为人道主义"。因为，人道主义有广义和狭义之分。他认为，"人道主义"一词最初是指文艺复兴的思想主题，这是狭义的人道主义，也可译为人文主义。而广义的人道主义则泛指一切以人、人的价值、人的尊严、人的利益或幸福、人的发展或自由为主旨的观念或哲学思想。但有更多的人，如俞吾金、陈勇、肖峰等则主张"humanism"这个词除了可译为人文主义、人道主义外，还可译为人本主义。

这样一来，"humanism"一词就有了人文主义、人道主义及人本主义等多重身份。那么，这三个"主义"之间有什么差别没有呢？回答是肯定的。除了前述王若水先生关于人文主义就是狭义的人道主义的说法外，西方学者白璧德也对人文主义和人道主义作了界定：

他认为，一个总的来说对人类富有同情心，对未来的进步具有信心，也情愿为进步这种伟大事业做出贡献的人，可以称为人道主义者，他所奉持的信条也就是人道主义。人道主义几乎只把重点放在知识的宽广和同情心的博大上，相对于人道主义者，人文主义者感兴趣的是个体的完善，而非使人类全体都得到提高这类空想；虽然人文主义者在很大程度上考虑到了同情，但他们坚持同情须用判断加以训练和调节。真正的人文主义者，在同情与选择两者之间保持着一种正确的平衡。

从中我们不难看出，白璧德的人文主义与人道主义是有严格区分的，只是他在刻意地保持他的"人文主义"不沦落为"使人类全体都得到提高这类空想"的同时，不免又带上了个体完美主义的色彩。启良教授认为，人文主义之"人文"二字，其意义之强调，既在文，又在人。二者相比较，后者更为重要。"人文"之"文"，重在规范、理性、秩序等义，而反面则是原始冲动和率性而为。至于"人文"之"人"，他认为，重要的也就是从文化世界的层面看是否对人构成伤害，或者人在这个文化世界中的地位如何、主体性如何、处境如何。我们评断什么是"人文主义"，主要是看"人"与"文"二者是否统一。只有"文"而无"人"不能算作人文主义；只有"人"而无"文"，同样不能算作人文主义。[①]

由此，我们应该有了一个关于人文主义、人道主义及人本主义的初步了解。与此同时，还可以得到三重感悟：一是人本主义与人道主义、人文主义着生于同一温床，即为现在人

① 启良. 真善之间——中西文化比较答客问 [M]. 广州：花城出版社,2003:225-230.

们所通称的"人学"，它们既有着千丝万缕的联系，但同时又有着各自不同的发展朝向。二是由于人文主义和人道主义被公认起始于古代希腊的人文哲学，所以，人本主义亦应被认定胎生于此。从而在时间上，人本主义应该追溯到古代希腊；在观念上，应该上升为哲学范畴。三是由于"humanism"所蕴含的人的主体性，人的地位、自由与全面发展的内涵，所以人本主义是人本管理理论的思想源泉和基础。

至此，我们依然没有得到一个关于人本管理的完整答案。因为，就现代而言，人们所接触到或者所感兴趣的，实际上是一系列能够产生影响和能够带来效益的管理模式、管理方法和管理手段，即统称的所谓管理实践。现代人本管理就是由人本主义思想、人本管理理论及人本管理实践活动这样三个部分组成。人本主义思想是现代人本管理的核心，它从古希腊的人文主义哲学一直延伸到现在，贯穿到人本管理的始终，而且还会随着人本管理理论的发展而发展；人本管理理论是在人本主义思想的启迪和指引下，从思想领域向生产领域、由观念层面向制度层面转换的产物，它产生于 20 世纪 60 年代，是一系列以人为中心的管理理论的总称；而人本管理实践则既指一切围绕"以人为中心"的探索活动，也指一切纯粹围绕"人的有用性利用"而形成的制度和模式。

那么，人本管理的具体内容是什么呢？

经过全面、深入和系统地提炼与总结，我以为，从人本管理思想的发展脉络及发展需要来看，至少应包括如下三个层面的"本"意："道本""义本"与"力本"。

"道"是中国古代哲学的基本命题和核心理念，《周易·系辞》说一阴一阳之谓道，是说阴阳的矛盾运动，便是道的规律；《易传》注重道、德、行，所谓道是天地的法则；我国先秦的主要哲学派别儒家和道家都以"道"作为其发思和立论的依据，无论是儒家的"率性之道"，还是道家的"道法自然"，也都是指宇宙的本体。方立天先生在阐述中国佛教的气本原说和道体说时也指出，"'道'是离开一切限量和一切分别，是自然如如的本原，本体，也称'道本'"[①]。可见，"道本"即是指"自然之本"，是本体论意义上的人本，是人本管理的前提和基础。它指的是：人是自然要素中的第一要素或根本要素，是衡量其他一切要素的要素。它的"本意"在于：一方面，人作为一个自然类别，具有其他类别无

---

① 方立天 . 中国佛教的气本原说和道体说 [J]. 宗教学研究 , 1997, (4).

法比拟的优越性和自主性，人在自然、宇宙面前不是无能为力、无所作为的，相反，人可以认识自然和改造自然。因此，作为自主、能动和有着无限潜力的自然主体而言，人类应该充分认识到自身的这种能力和优势，摆脱一切对自然、宇宙的听命和盲从，以积极和乐观的态度开拓进取；另一方面，人类应该正确地认识和利用自身的优越性与自主性，要懂得人与自然万物是和谐、统一的整体，是相互依存、相互促进的关系，切不可唯我独尊、为所欲为。应用于现实，就是要求人类正视自身，看到自身的能力与价值，发挥自身的主体作用，促进自然、社会的和谐发展；但同时，也提示人类在享有独特的主体地位与作用时，既负有对自然、社会的"关爱"使命，也负有对社会个体的体恤义务。在西方人本主义者看来，就是当"人的生存、自由与全面发展"与其他管理要素相冲突时，要优先考虑"人的生存、自由与全面发展"。这一原则精神的来源在于"人是万物的尺度""人生而是自由的"等人本主义本体论思虑。它所衡量的是管理主体的"法性"问题，即当管理客体与管理主体之间的关系偏离正常时，管理主体别无选择的一种本质性规定。

所谓"义本"，即指"道德仁爱之本"，是人本管理的主体与内容。它是根于人的本性，立足于道德与良心而生发的人本意识，包括善待自己与友爱他人、成就个体与体恤社会，是"人之为人"与"人之所以异于禽兽"的一种特质反映。一直以来，无论中国哲学与西方哲学之间还是两种哲学内部都存在着义与利的纠葛，认为利不近义甚至义利相悖。实际上，前者是从群体视角提出的道德自觉与道德自省，注重的是公利；而后者是从个体视角引申的道德觉醒与道德落实，注重的是私利。两者是同一利益主体的两端，没有公利，私利就无法得到保障；同样，没有私利，公利也就失去了意义。为了一己私利不惜损害群体利益和社会公共利益的行为是不道德的；同样，为了所谓公共利益而抹杀人性，不顾广大个体利益的行为也是不道德的。因而，两者不存在完全意义上的对立，只存在对接方式和对接程度问题。当国家、民族甚至人类的生存出现危机时，奢谈个人理想与欲望只能是自取灭亡；当社会经济文化发展到一定程度，依然不顾甚至扼杀人的理想与欲望时，则会遭到人们的普遍背弃。因此，"义本"强调的是在义与利、公与私、他与己之间的平衡与稳定，考察的是管理主体的"德性"问题，即当管理主体在享有自身利益的同时，亦应最大限度地维护社会和他人利益。

所谓"力本"，即是出于物用之需，以人的有用性为特征的"用度之本"，是与"资本""物本"相对而提出的。对于人的有用性，很早就为中外文明所反映。在中国先秦儒家看来，人被认为是与天、地等量齐观的"三才"之一，而且，"三才"之中，"惟人万物之灵"①，"人者，天地之德、阴阳之交、鬼神之会、五行之秀气也"②；古埃及人认为人具有超自然的精神或灵魂；在古希腊人眼里人是动物中最聪明的。而真正对人的有用性给予经济性关注并加以创造性利用的，则是资本主义工业化大生产时期。如泰罗、吉尔布雷斯等人提出了"经济人"假设，认为工人的主要目的在于获取经济利益，只要满足工人的经济欲望，就能最大限度地调动其工作积极性，取得管理效益的最大化；法约尔、韦伯等人提出了"组织人"假设，认为绝大多数人都有组织归属感和荣誉感，只要把他们当作组织的成员来对待，他们就愿意服从劳动分工和管理、听从领导和指挥、牺牲个人利益而成就组织利益；梅奥、马斯洛等人则提出了"社会人"假设，认为人的行为并不单纯出自追求金钱的动机，还有友情、安定、归属感和受人尊重等社会性需要，而且，相比之下后者显得比前者更重要。马斯洛为此提出的生理、安全、社会、尊重和自我实现的"金字塔"需求层次理论，获得了人们的广泛认同。尽管这种种假设是对人的地位和作用的认识与肯定，在形式上具有从无到有、从个体到群体、从群体到类的提升，但从本质上说，都仅仅是为了对人的有用的特性加以充分利用。后来不少人依据不同的人性假设提出了具有各自独到见解的管理思想，但总体上都没有超出这一范畴。因此，"力本"衡量的是管理主体的"知性"问题，即如何在科学、合理的范围内，对人力资源加以充分、有效地组织和利用。

由此可见，"力本"，是人本管理理论中最基础、也是最低层次的"本"，如果我们把它当作第一层面的"本"的话，则"义本"，是第二层面的"本"，而"道本"，就是第三层面的"本"了。没有"力本"，人本管理就失去了物质基础和心理动机，也就不可能有"义本"和"道本"的延伸；没有"义本"，人本管理就失去了意志和灵魂，就只能在低层面上徘徊与踌行，从而也就会沦为纯粹物质追求和利用的工具与手段；而没有"道本"，人本管理将迷失最终的目标和方向，也就会因为找不到终归之所而困惑和迷惘。

---

① 《尚书·泰誓上》。

② 《礼记·礼运》。

我们从前面大量关于人本管理的现代语义来看，基本都定格在对人的有用性的肯定与利用层面，也就是对"力本"的关注层面。显然属于一种"形而下"的人本认识。

（三）儒家人本管理思想内涵

关于儒家人本管理思想的讨论，一直是中国学术界的争议。争议的焦点集中在两点，即儒家的管理思想主体而言，到底是人本主义思想还是民本主义思想。

人本主义观点认为，在中国的传统思想中，"以人为本"的精神早已存在，如《泰誓》称："惟人，万物之灵。"《黄帝内经》曰："天地合气命之曰人。"《汉书·刑法志》认为："夫人肖天地之貌，怀五常之性，聪明精粹，有生之最灵者也。"《论衡》在论及天地万物时曾直截了当地指出："夫论解除，解除无益；论祭祀，祭祀无补；论巫祝，巫祝无力。竟在人不在鬼，在德不在祀，明矣哉。"东汉末年的哲学家、政论家仲长统也指出："人事为本，天道为末。"而有人则更是从独特和专业视角对中国古代的人本思想进行了总结。如有人从《易传》"安土敦乎仁，故能爱""井养而不穷""尚贤""养贤"等观点和主张中看到了儒家人本管理的思想境界；有人依据佛教在中国由以出世为本的小乘转向更加注重人的社会责任的大乘，以及大乘教对人的地位与作用的更加注重，提出了佛教人本主义思想；有人从《孙子兵法》重将、爱兵、尚勇、励士、治心等理念中，提出了军事人本思想的观点；有人则依据"道大，天大，人亦大。域中有四大，而人居其一焉""我无为，而民自化"等思想，提出了老子人本管理思想的认识；等等。如果借用钱穆先生的话，可以为上述观点作一个总结："中国学术之主要出发点，乃是一种人本位主义，亦可说是一种人文主义。其主要精神，乃在面对人群社会中一切人事问题之各项实际措施。"[a]

但更多的还是持儒家民本主义思想的认识。金耀基认为，中国的民本思想毕竟与民主思想不同，民本思想虽有"of the people, for the people"的观念，但总未走上民治（by the people）的一步。胡适认为，中国古代民本思想具有民权思想的意味，但没有什么民主民权的制度。冯天瑜认为，起于晚周而贯穿于整个中国古代的民本思想界不是一种论证主权在民和民众自我治理的学说，它与民主主义之间颇多扞格，从内容到形式都难以自然发展为民主主义。赵吉惠认为，民本思想与现代民主思想又是不同的。其主要不同之处在于：

① 钱穆.中国历史研究法[M].上海：生活·读书·新知，2001.

思想主体不同，思想前提不同，经济基础不同。古代的民本思想是以君为主体，治国当以"民为邦本"……民主思想则是以人民为主体，人民治国，人民在国家政权中当家做主人。民本思想以人治为前提，以小农经济为基础。民主思想以法制为前提，以高度发达的自由贸易、自由竞争的商业经济为基础。因此，中国古代的民本思想仅仅包含民主思想之萌芽，还不是民主思想。陈胜粦更从理论层面上对民本思想的实质与特征做了高度的概括，他认为中国传统的民本主义与近代民主主义有着质的区别：民本主义以君为本位，依靠圣君贤相，"为民作主"；民主主义则以民为本位，实行民主自治，"由民"作主。民本主义属封建地主阶级的思想体系，也是封建统治者的"治民"之术；民主主义则属资产阶级的思想体系，也是资产阶级所需要建立的"民治"之制。民本主义以维护封建君主专制制度为目的；民主主义则以否定封建君主专制制度为目标。凡此种种，大抵如此。

大家应该已经注意到，持民本主义思想的人基本都有一个共同的特征，即是将民本主义与民主主义相比较，而非与人本主义特别是人本管理思想相对照。

那么，民主主义与人本主义以及人本管理思想之间有何关联呢？

首先，民主主义与人本主义之间既有共性又有个性。

作为共性，民主主义与人本主义都有共同的宗旨，就是追求自由、平等和人权，此其一；其二，都看到了主体的力量。民主主义认为人民是一切事物的原因和结果，人本主义也认为人是自然界的一部分……不是上帝创造了人，而是人按照自己的特性创造了上帝。其三，都对于促进社会发展和人类进步有积极意义。民主主义者不仅强调"民有、民享"，而且强调"民治"，强调"国为人民公共之国"，"在那里，社会是由自己管理，并为自己而管理。所有的权利都归社会所有"。人本主义从最初的反对神权、提倡人权，到其后的反对蒙昧、提倡科学，到再后的抨击封建专制和宗教神权，提倡"自由、平等、博爱"，到最后对于人的自由、全面发展的追求与落实，对于人性的解放、观念的提升、制度的确立以及社会的进步起到了重要作用。

作为个性，民主主义与人本主义之间存在着明显差异：其一，两者的主体对象不完全一样。民主主义是为"民"主"义"，即是为广大人民群众主张正义。这里的"民"是指处于弱势地位的社会群体，与人本主义中"力本""义本"层面的主体相当，但"道本"

的主体除了被关怀群体外，还包括关怀者本身以及自然、宇宙的其他对象，不仅仅是一部分人关怀、惠爱另一部分人，还包括关怀、惠爱整个人类以及如何科学、合理地处理好人与自然、宇宙的关系。其二，两者的内容不同。民主主义的主要内容是"民有""民享"和"民治"，即梁启超所谓"政为民政，政以为民，政由民出"的政治理想；人本主义的主要内容是"力本""义本"和"道本"，即从有用性、道德仁爱和本体的生存与发展视角上尊重、关怀和发展人。其三，两者的目标不同。民主主义的奋斗目标是实现民治，废除一切等级，建立一个伟大的、统一的、平等的公民国家。人本主义的奋斗目标是科学、合理地处理好人与人、人与组织、人与自然的关系问题。

其次，民主主义与人本管理思想之间存在重大差异。

所谓民主主义，通常是指具有自由、平等思想，反对专制统治，倡导民主自治的一系列思想和运动。主要集中在思想观念和意识形态领域，即便是制度与措施的倡导与推行，也主要落实在社会组织和人民大众，追求的是社会公利。

而人本管理思想主要是指对应于管理行业对人的理解、尊重与关怀的一系列观念与构想。虽然也主要居于思想和意识形态层面，但它比民主主义思想要微观和具体得多，追求的也主要是组织和个人利益。

由此我们知道，对儒家管理思想的认识持截然不同的两种意见。特别是持民本主义观点者认为，儒家的管理思想不仅没有达到人本的程度，甚至连民主的程度都不及。但，同时我们也看出，上述观点持有者们对人本、民本以及民主的理解都有较大的局限性。如果我们回过头去将儒家管理思想与人本管理的本真语义相对照时会发现，无论是儒家人本主义的观点还是儒家民本主义的主张，实际上都在人本管理的范畴，只不过处于不同的人本层次而已。显然，与儒家民本主义观点相对应的儒家管理思想，主要停留在"力本"层面，最多也就是"义本"的层面，与儒家人本主义观点相对应的儒家管理思想，则上升到"道本"的层面。二者的根本差异在于"本于己"还是"本于人"。如果是"本于己"，则一切主张由"己"所生，一切权利由"己"落实，"己"在这里具有主体性和能动性的地位和作用；相反，如果"本于人"，则一切主张由"人"所生，一切权利由"人"落实，"己"在这里不过成了"人"出于尊崇或道德或义务或目的所锁定的"对象物"，这种景况下的

"本"，能"本"到一个什么程度，完全取决于他人的"本"意。显然，一直在为老百姓利益而呼号和奔走的儒家民本主义者们，对老百姓而言，不过是一场"本于人"的公益与慈善活动，能给他们多少好处和利益，完全取决于统治者们的良心发现和统治需要；而主张人为"万物之灵""人事为本，天道为末"的儒家人本主义者们，尽管他们实际上也没有从统治者们那里捞到多少好处，但，毕竟把统治者以及神与天看成了自己的本家与"同仁"，至少在精神层面有了"本于己"的梦想与追求。

如果经过仔细剖析我们会发现，上述分析实际上潜藏着两个耐人寻味的问题。第一，代表中国传统文化的儒家文化，其管理思想的高度貌似达到了世界管理文化的顶端——对"道本"的追求与落实，但实则仅仅是星光洒漏、出岸潮头，既找不到系统的理论阐述，更厘不出清晰的历史行迹，反倒是显得有些藏头露尾、隐现游离，以致使人本主义观点持有者的底气不足。相反，却让管理情怀低一个层面的民本主义认识更显充分。这也就是为什么对儒家管理思想的民本界定更为确切的主要原因。第二，代表中国传统文化的儒家文化，其义理逻辑貌似缜密全面，但实际上存在先天的重大缺陷，即缺乏对自身的首认。按理说，儒家文化并不缺乏对自身的体认与反思，它的"反身而诚""三省吾身""审思慎行"等观点，都体现了对自我的深刻检讨与反思。但问题恰恰在于，儒家的体认与反思是建立在对自身的苛求与抑制的基础上的。因而，体认与反思的结果是找出自身的不足和发扬自身的长处，没有也不允许张扬和标榜自身的功绩与优势，更不许将自身的观点强加给别人或向别人提无理要求。所以，在它的体认与反思中，缺少了一个重要因素，也是抑制专制极权的核心因素——对自身的肯定与诉求。这也就是为什么儒家文化的民本愿望与措施"起不到反专制极权的作用"，而西方的人本要求与呼声"却可以起到反专制极权的作用"的原因所在。

然而，正如一把双刃剑，西方人本在认识逻辑上达到相应的人本高度的同时，由于拘泥和醉心于人本实践的过程和效果，不可避免地在人本落实的各个环节出现偏差和位移。具体表现在：第一，在"道本"追求上的缺失；第二，在"义本"落实中的不足；第三，在"力本"处置中的偏颇。就如同是一个被应接不暇的事务拖得身心俱疲的勇士一样，西方人本主义者们在其后的人本探索中，既丧失了作为引路先锋的斗志，又丧失了作为护驾使者的智慧，还丧失了作为责任落实的良知。

相反，儒家人本尽管在义理认识上高度不够，但由于其不计功利的勇气和不懈进取的精神，使得其实际的表现和发展的路向具有弥补和超越西方人本的能力和潜质。具体表现在：第一，儒家人本"形而上"的无限追求可以弥补西方人本"道本"的重大缺失；第二，儒家人本扎实的"德性"内容及友善的沟通方式是西方人本"义本"不足的强力充实；第三，儒家人本特别是先秦儒家人本的"尚学"理念与"器用"意志是对西方人本"力本"偏颇的有力扶持。

二、现代人本管理的思想体系

在研究现代人本管理的思想体系之前，我们必须解决"现代人本管理"的界定问题。多少年来，只要谈到管理尤其是企业管理，理论家、思想家们必定会涉及现代人本管理问题。然而，关于现代人本管理的界定却始终是一个不成问题的问题。说它不成问题，是指在谈到该问题时，人们几乎都是随口而出，好似心领神会；说它是一个问题，是指在所有的学术研究中，没有任何人对此做出过明确界定。只有邓世敏在《我们的路：中国企业管理模式探索》（中国商业出版社,2003）中作了一个相应的界定："所谓的现代人本管理理论是基于美国文化特质企业的实际成功经验和教训而诱发出的理论。"尽管这一界定仅是一个相关性和间接性界定，但对本论而言极具借鉴和指导意义。

一方面，这一界定的确道出了现代人本管理理论的真实状况，即：它就是美国人在对美国特定文化背景及具体情形下的企业所做的总结和提炼的基础上提出的经验性认识，并利用它的优势地位和话语条件强加给了其他人。因此，这一理论在现实中的普世性如何，的确受到质疑。就连作为该理论的研究者之一的日裔美国学者威廉·大内都直言，"有些美国企业企图把他们独特的美国管理方法移植到日本去，无一例外，每一个这样的尝试都遭到了彻底失败"。可见，这一理论尽管以隐略的方式占据了全球理论高地，但实际上不过是美国人自己的管理理论。现代人本管理的理论如此，其管理实践则更其如此。

另一方面，这一理论的研究基础和成果的代表性也只能是美国。首先，美国毕竟是19 世纪末 20 世纪初现代人本理论兴起时，现代科学与工业化生产的核心国家，其工业化的程度和现代化的水平都居世界前列，而这是现代人本管理理论和实践需要的前提和基础；其次，除现代人本管理理论的萌芽期和初创期外，后期各阶段的学者及成果几乎全部出自美国。如行为科学阶段的代表人物中，提出"人际关系理论"的乔治·艾尔顿·梅奥(George Elton Mayo)和弗里茨·朱利斯·罗特利斯伯格(Fritz J. Roethlisberger)，提出"双因素理论"的弗雷德里克·赫茨伯格(Frederick Herzberg)，提出"X理论—Y理论"的麻省理工学院教授道格拉斯·麦格雷戈(Douglas M. Mc Gregor)，以及提出"团体力学理论"的库尔特·卢因(Kurt Lewin)等都是美国人。同样的，在现代管理科学阶段的代表人物中，以决策理论著称的诺贝尔经济学奖获得者西蒙(H. A. Simon)、马奇(J. G. March)，社会系统学派的巴纳德(C. I. Barnard)，经验主义学派的彼得·德鲁克(Peter Drucker)、戴尔(E. Dule)，管理科学学派的伯法(E. S. Buffa)等也都全是美国或移居到美国的学者。特别是20世纪80年代全球公认的、有管理四重奏之称的《企业文化——现代企业的精神支柱》《追求卓越——美国杰出企业家成功的秘诀》《日本企业管理艺术》《Z理论——美国企业界怎样迎接日本的挑战》四大著述，无一例外地出自美国或美籍学者之手；再次，其研究成果的代表性、权威性、影响力，在当时也堪称世界一流，主要的观点、理念、模式、方法也都从这里产生并向世界各地传播。一时间，使得美国由一个产品和技术的输出大国杳然成为一个理论和文化的输出大国，特别是在管理理论方面，美国曾自称是管理的王国，认为管理是美国人的发明，认为几乎管理学的所有重大进展都起自美国。因此美国的管理理论界除了对德国的韦伯和法国的法约尔以外，几乎从来不提及别国的管理学者的成就与观点。因而，有人宣称，现代企业管理是美国人的"创造物"也就不足为怪了；最后，对管理理论的应用和推广也是以美国为先驱和中坚。大家知道，科学管理是现代人本管理的先导，而有"科学管理之父"之称的泰勒就是美国家喻户晓的实业家，是他最先将"人"的理念与管理实践相结合。其后，杜邦和通用汽车公司的科学管理、梅奥的"霍桑实验"、通用电气公司的理论研究小组，以及投入产出模型、供应链整合管理模型、管理系统模型、管理因果关系模型、尼—艾模型和环境系统模型等一系列应用性管理理论，将管理理论一步步地与管理实践紧密结合起来。

所以，我们无论在谈论人本管理理论还是人本管理实践时，都离不开美国的影响。

然而，由于文化的差异性、多元化管理模式的兴起及管理认识的突飞猛进，自20世纪80年代以来，其他国家和地区对于美国管理理论和实践的依赖与模仿已经越来越淡化。特别是近年来，当其他国家的经理们在谈到自己的美国同行时，往往是轻蔑多于敬畏。甚至都已经到了美国管理人员问问自己该向日本和欧洲同行学些什么和能否学到手的时候了。

由此，我们可以得出一个基本结论，所谓现代人本管理，是指基于现代人本管理理论，突出以人为本管理理念，不断解析并提升人与组织、人与社会、人的肉体与灵魂相互关系，并进而促进人与自然、宇宙关系的一系列活动。它以美国的企业人本活动为起始，不断与其他民族文化相融汇，形成的多元化的和谐共处、和谐共进管理模式。这里的模式从形式上来说，已经打破了原有成功企业、原有领先国度的既定模式；从范畴上来说，已经不限于企业管理，而是涉及一切与人相关的活动；从内容上来说，已经渗透到政治、军事、经济、文化等各个领域的方方面面；从过程上来说，已经覆盖了包括管理在内的其他辅助过程；从目标上来说，在追求经济利益最大化的同时，还追求社会效用、生态效用的最优化。

（一）现代人本管理思想的发展历程

尽管现代人本管理理论是"基于美国文化特质企业的实际成功经验和教训"，其实践活动又是起始于20世纪30年代。但作为一种思想体系，它的渊源一直可以追溯到古希腊的人文主义哲学。因为正是古希腊的人文主义思辨，为14世纪的文艺复兴运动提供了考量时弊的参照；而文艺复兴运动高扬的人本主义旗帜，又为欧洲的思想启蒙运动指明了方向；而欧洲的思想启蒙运动则为包括美国在内的西方工业化大生产所需要的劳动效率注入了人本激情。由此，我们可以将现代人本管理思想的起源及其发展划分为三个阶段来认识。

1.古希腊时期的自然人本主义思想阶段

"以人为本"的观念在古希腊哲学家们的思想中就已经开始萌芽。当然，此时的"人本"是相对于"神本"而提出的，而且这里的"神"是指自然神，即威力无比的宇宙世界，是哲学家们基于人们对宇宙世界的无知和恐惧所做出的反应。

众所周知，荷马笔下的希腊历史就是一部神话史，神在古希腊人的心目中就是世界的

"本源"，认为神毫不费力地以他的心思左右一切，因而有着至高无上的地位。然而，即便如此，在色诺芬时代人们就已经将人与神摆在了同一位置，世人认为神祇同他们一样是被生出来的，有类似他们那样的知觉、声音和形状。这无疑为人与神的共生甚至人取代神培植了土壤。果然，稍后的雅典，阿那克萨哥拉在寻找物质的初始运动时，"求助于一个有智慧的本原"，"拿心灵当作构造宇宙的一种手段"；德谟克利特尽管承认神祇存在，但认为"同人一样要死"。如果我们可以在此作一个分期的话，此时的"人本"实际上是一个有似于"神本"的"本"，还无法摆脱神的影子。但到了智者时代，这一认识显然有了质的飞跃，其显著的标志就是普罗泰戈拉提出的"人是万物的尺度"的命题，他第一次将人放在了包括神在内的所有本原之上，"使人的注意力从外界自然转向人本身，提出了以人为对象中心的命题，在西方哲学史上实现了一次研究对象的格式塔变换[①]。更重要的是，普罗泰戈拉命题倒转了自然与人的关系。"也就是说，从这个时候开始，人们已经不在乎自然是什么样的存在，会对人类怎么样，重要的是人类怎样看待自然。既包含着人类决定和主宰自然的愿望，也包含着人类决定和主宰自然的能力。尽管主观唯心主义的缺陷十分明显，但在当时对于打破蒙昧神权的禁锢具有重要意义。在希腊思想家们看来，宇宙不再是那些神秘莫测，不可思议的集纳所。对这些力量的恐惧感，越来越被一种要了解它们和为了人而利用它们的愿望所代替。也正是这样一种愿望，使人逐渐从"神本"的依附下解脱直至超越出来，人第一次成为自己的主人，取得了对神化的自然的掂量权，正如人们所总结的，"人类历史上的第一次分权，是发生在人与神之间的。"由于这一阶段的成果，是从世界本源的意义上，取得的"对原始神权的胜利"。因此，我们又可以将之归纳为自然本体论人本主义思想阶段。

2. 文艺复兴时期的社会人本主义思想阶段

公元 14 至 16 世纪的文艺复兴运动，是人本主义思想发展的转折时期。一方面，人的认识由自然本体论转向社会主体论，此时人们关心的不再是人在自然中的本原问题，而是人在社会中的地位问题，尽管针对的对象依然是"神"，但"此在"的神已不是人类原始

---

① 格式塔是西方现代心理学的主要流派之一，根据其原意也称为完形心理学，完形即整体的意思，格式塔是德文"整体"的译音。与原子心理学相对立。"格式塔"（Gestalt）一词具有两种涵义：一种涵义是指形状或形式，亦即物体的性质，另一种涵义是指一个具体的实体和它具有一种特殊形状或形式的特征。格式塔这个术语起始于视觉领域的研究，但它又不限于视觉领域，甚至不限于整个感觉领域，其应用范围远远超过感觉经验的限度。

崇拜的自然神，而是基督教宣扬的人间神。是针对基督教对人的残酷禁锢而提出的"人的地位、自由和全面发展"要求；另一方面，由于人的社会问题的解决，也必然导入人对自身问题的思量。

古希腊人本主义思想运动虽然使人取得了在自然中的主导权，并将人的活动导向深入和广泛，促进了古希腊的思想活跃和经济繁荣。但由于晚期制度的颓废和经济的调敝，哲学坠入迷惘，基督教神学从而取代了自然人学，人沦为了被设定的、受人操控的神的奴隶。在这种神权下，人被定为生而是有罪的，人生没有快乐和自由，有的只是痛苦，而人要脱离痛苦的唯一途径就是根除一切欲望，服从上帝的旨意。文艺复兴运动实际上是籍复兴文艺之名，行鞭笞神权之实，围绕"人的本质属性""人的自由与尊严""人生的目的与幸福"而开展的包括文学艺术、自然科学、哲学思辨及宗教改革等在内的人学革命。

但丁作为新时代的最初一位诗人，提出人是高贵的，但人的高贵不是由于贵族那样的出身门第，而是由于他个人的品质。而个人的高贵又源于天赋的理性和自由意志，认为自由的第一原则就是意志的自由；彼特拉克针对中世纪教会鼓吹的对神的爱和对来世的向往，着意于对爱情的歌颂和对荣誉的追求，并提出"我自己是凡人，我只要求凡人的幸福"；薄伽丘针对天主教和封建主义的道德束缚，指出：道德是人的一种内在力量，正是这种内在的道德力量使人的精力得到充分发挥。认为人类天生是平等的，只有品德的高低才是区分人类的标准；瓦拉反对教会的禁欲主义，提出意志自由论，并主张把个人利益放在第一位。此外，艺术家们把作为性之象征的人体搬到了艺术天堂，用以显现人对自我的肯定和对现实的关怀；雕刻家、建筑家则以各种艺术形式张扬人的个性需求与发展愿望；哥白尼、伽利略的"日心说"从根源上否定了上帝的存在；维萨留斯、哈维等人的解剖学从物质层面否定了上帝的存在；特勒肖、布鲁诺等人的唯物论哲学从精神层面否定了上帝的存在；而马丁·路德、加尔文的宗教改革则将基督教神学的土壤翻了个底朝天，神的权威和主宰地位荡然无存，人的价值得到极大提升。

总结这一时期的人本主义思想，我们可以得到三个答案：①曾经失落的人的主体性被重新找回，人作为自然界的最高灵物的地位和作用被再次受到肯定和尊重，并被坚持和推广开来；②在人的本质属性得到充分肯定的基础上，人的物质属性被发现和被挖掘出来，人不仅为整体为他人而活着，更为个体为自身而活着，不仅为理性与德行而活着，更为欲望与自由而活着；③被压抑与禁锢的人的精神活力和行为能力得到全面解放与充分释放，"知识就是力量"的提出，科学方法的运用与研究，使人作为自然主体的自信心得到进一步提升。

3. 工业化大生产时期的管理人本主义思想阶段

工业革命以来，特别是 19 世纪末 20 世纪初，电动机的发明将人类由"蒸汽时代"带入"电气时代"，使大规模工业化生产成为可能；内燃机的创制和使用，为交通运输提供了广阔的前景，极大地刺激了商品生产和流通，加快了市场扩充和融汇的步伐；电报、电话的出现和利用，扩大了人们的视域，加速了人们的信息交流；化学工业的兴起和石油、钢铁工业的繁荣，为企业新兴财团的形成创造了条件。种种迹象表明，资本主义国家重新划分经济势力范围和争夺市场份额的时机已经到来。因此，企业的规模、高效和标准化生产显得至关重要。正是在这种前提下，人本管理理论应运而生。此时的"人本"是相对于"资本"和能源、机器等"物本"而提出的，是对人的有用性、创造性的肯定和挖掘，是"人本"由"形而上"向"形而下"的转变。

而纵观这一时期的管理思想，又大体经历了如下历程：

（1）"经济人"管理思想的提出

所谓经济人，就是追求自己的安乐和利益的人。参照宫敬才的研究，经济人管理思想的形成至少存在四种情况：一是资本主义市场经济文化中，内在地包含了经济人思想，但是以自发的形式杂乱地存在于各种表达形式之中，还没有上升到理性自觉的高度；二是经济人思想以接近最终形成的形式存在于资本主义市场经济文化的各种表达形式之中，尤其是存在于哲学和文学这两种形式之中；三是经济人思想以经济学术语和论证方式的形式表达出来，完成这一具有决定性意义的任务者是亚当·斯密；四是经济人思想被广泛地应用于管理实践，其主要的代表人物有泰罗 (Fenderichw Taylor)、吉尔布雷斯 (Frank Bunker Gilbreth) 等。"经济人"管理思想的人本意义在于，管理者看到了被管理对象的经济属性，认为应当或只有在满足被管理对象的经济欲望时，才能最大限度地调动其工作的积极性，取得管理效益的最大化，从而将被管理对象从"工具人""机器的部件"中解放出来，在人与神地位平等的基础上，进一步实现人与人之间的地位平等与自由。

（2）"组织人"管理思想的提出

所谓组织人，是指人们对于组织的依附以及结成相应组织的愿望。这一观念的提出无疑是对经济人管理思想的超越。因为在这里，思想家们不仅看到了管理对象的经济属性，而且看到了管理对象的组织归属感和集体荣誉感，他们不仅为自己的经济利益而劳动，同时也愿意或者需要接受一定的组织安排与管理，并能在一定程度上将组织利益或集体荣誉摆在与个人利益同等的地位。其代表人物有亨利·法约尔（Henri Fayol）、马克斯·韦伯(Max Weber) 等。法约尔认为，社会有机体是同物的组织有区别的人的组织。并根据自己多年的管理经验提出了劳动分工、权力和责任、纪律、统一指挥、统一领导、个人利益服从集体利益、人员的报酬、集中、等级制度、秩序、公平、人员的稳定、首创精神以及人员的团结等 14 条管理原则。韦伯同样把提高组织效率作为自己的理论使命，主张建立一种高度结构化、正式的、非人格式的"理论的行政组织体系"。

（3）"社会人"管理思想的提出

所谓社会人，简言之，就是负有社会责任的人，即以追求社会公平、社会安全、社会稳定、社会公益、社会保障目标的实现为责任的人。尽管梅奥、马斯洛等不是从社会责任而是从社会属性指称的"社会人"，但他们都认为人的行为并不单纯出自追求金钱的动机，还有友情、安定、归属感和受人尊重等社会性需要，而且，相比之下后者显得比前者更重要。马斯洛为此提出的生理、安全、社会、尊重和自我实现的"金字塔"需求层次理论，获得了人们的广泛认同。无疑将"组织人"提升到了人与动物相区别的"类"高度，进一步从"形而下"范畴落实了文艺复兴思想家们关于"人的地位、自由和全面发展"追求，是人本管理思想的理论突破与重大贡献，后来不少人依据不同的人性假设提出的其他管理思想，尽管有各自的独到见解，但总体上都没有超出这一认识。

（二）现代人本管理思想的理论成果

现代人本管理理论及其实践活动是以人力资源、人力资本管理的形式体现出来的。这一过程大体上可以划分为三个阶段。

1.古典人本管理理论阶段

时间从 19 世纪末至 20 世纪 30 年代，这一阶段主要是以古典管理理论为主导地位的管理理论发展时期。因此，又被管理学家称为古典管理理论时期，其代表人物及主要理论有法约尔的古典功能理论、韦伯的古典组织理论和美国泰罗的科学管理理论。这一时期的理论，通常没有被接纳到人力资源管理理论中来，其主要原因在于这一阶段中，人的主体性没有得到任何体现，按照秦璐的话说，就是：

这三位代表人物的理论虽各有侧重，但有着如下的共同特点：都把职工看成被动的、纯理性的人，任由管理者用"胡萝卜加大棒"（即经济刺激加纪律规章）的方式控制和摆布，人和物为同一性质，人只不过是会说话的工具；都把重点放在管理的"物""硬"的方面，如结构、控幅、工艺、奖酬等；都认为存在着一种适用于一切组织与环境的通用的"最佳"管理模式，如行政层级结构、管理通则、科学定额等。

这种认识应该说代表了目前管理学领域的主流意识，站在管理学对人的考察这一视角，无疑具有正当性和合理性。然而，从哲学视角的人本管理思想来看，人力资源管理实践目前仅仅表现为人本管理第一层面的"本"，即对人的有用性加以利用的"本"上①。因而，这两种视角下的"人"会存在差异。对管理学而言，它从纯理论的高度，在认识某种管理模式（包括思维模式）属不属于人力资源管理范畴时，很大程度上是从"人的地位、自由与全面发展"这一根源性问题出发的，意即我们前面提到的"本于己"的观念出发的，此时的人实际上是主体性的、单一的人。显然，古典管理理论由于抹杀了人的主体性，因而不可能是该意义上的人力资源管理。然而，哲学是以整个世界的"是"或"存在"（being或on）为研究对象的。因此，它视角中的人必定是全方位的人。"本于己"是它研究中的对象，而"本于人"和"予人本"同样应该是它研究和关注的对象。只不过这一研究和关注是在将"本于己"作为人本管理或者真正意义上的人力资源管理的基础、前提和保障的条件下。亦即"本于己"是人本管理的基础、前提和保障，而"本于人"和"予人本"是人本管理或者人力资源管理得以真正落实的主要途径。没有"本于人"的思想即人本管理

---

① 从义理上看，人力资源管理与人本管理应该是互为表里的，就如同理论和实践一样，理论用于指导实践，实践反过来可以丰富理论。但由于人力资源管理自身"基因"方面的缺陷，使它不可能按照人本管理的逻辑与思路来发展。所以，我在"人力资源管理"之后加上了"实践"二字，意在将本质上的人力资源管理与现象上的人力资源管理相区别。具体分析放在后面的章节。

没有"知性"，没有"予人本"的思想则人本管理没有"德性"。试想一想，如果我们都靠自身的力量而仅仅为自身的权利而战斗的话，那么，每个人势必会成为他自己观念中的那个"绝对的人"和"唯一的人"，从而也就谈不上所谓的人本管理和人力资源管理。因此，古典管理理论尽管不存在"本于己"的人本思想，但认识到人的"经济性"和"物性"，亦是对"本于人"和"予人本"思想的肯定和启迪，同样是人本管理思想的基础。

一个值得重视的问题是，管理学从单纯"本于己"这一人本根源出发，是没有办法落实真正的"以人为本"的理想的。相反，哲学表面上撇开了人本之根本，坚持从全方位的理念来落实人本，最终能够从深层次、从人本终端实现人本，这正是本选题要阐述和予以全面论证的问题。

2. 行为主义人本管理理论阶段

行为主义人本管理理论是以管理学分期中的"人际关系和行为科学"为背景，侧重于研究人在组织中的主体性及组织对人的关怀与肯定。时间上为20世纪的四五十年代。其主要的代表人物及主要理论有：①马斯洛的需要层次论。认为人的需要分为生理、安全、社交、受人尊重和自我实现五个层次，管理工作必须把满足人的需要作为根本出发点。②赫茨伯格的双因素理论。认为影响人的行为的因素有两类，即激励因素和保健因素。管理者要充分调动人的积极性，把重心放在激励因素上面。③麦克利兰的成就需要理论。认为在人的生存需要基本得到满足的前提下，人的最主要的需要有三种：成就需要、权力需要和合群需要。其中，成就需要的高低对个人和企业的发展与成长起着特别重要的作用。④弗鲁姆的期望价值理论。认为人们只有在预期其行为有助于达到某种目标的情况下，才会被充分调动起来。⑤布莱克和穆顿的"管理方格"理论。认为企业领导对工作或对人的关心程度，可通过纵横坐标图表示出来，从而形成有纵横81个方格的图形。⑥亚当斯的公平理论。该理论主要侧重于研究利益分配（尤其是工资报酬分配）的合理性、公正性对职工积极性和工作态度的影响。⑦斯金纳的强化理论。认为人的行为具有有意识条件反射的特点，即可以对环境起作用，促使其产生变化，环境的变化（行为结果）又反过来对行为发生影响。因此，当有意识地对某种行为进行肯定强化时，可以促进这种行为重复出现；

对某种行为进行否定强化时，可以修正或阻止这种行为的重复出现。因此，人们可以用这种正强化或负强化的办法来影响行为的后果，从而修正其行为。

这些理论对现代管理学理论及其实践活动产生了重大影响，但当我们从人本管理的角度来检视这些理论时会发现，人的主体性依然处于"被人关怀"的境地，只是此时的关怀已由原来单纯的物质性关怀而进至精神性关怀。但，即便如此，仍然具有"终极关怀"的意义。这也是行为主义人本管理理论有别于古典人本管理理论的重大区别。

3. 现代人本管理理论阶段

现代人本管理理论阶段即我们现在通常所说的现代人力资源或人力资本管理阶段，它是人本管理由思想、理论向全面应用过渡的阶段。经过前两个阶段的准备，加之二次世界大战之后形成的巨大的需求市场，给资本的扩张、抢占市场、谋取利益带来了机会。但同时，由于管理学、科学等先进技术和手段在企业中的运用，以及企业之间竞争的加剧，迫使企业采用更加新颖的方法和手段，尤其是在经历了"能源时代""技术时代""管理时代"之后，资本主义似乎到了山穷水尽的地步的情形下，人被作为一种被著名管理学家德鲁克称之为"企业其他资产所不具有的'特殊能力'的资源"派上了用场，给企业经营带来了前所未有的繁荣。这一阶段的代表人物和理论包括巴纳德把企业组织中的人们之间的相互关系看成是一种协作系统的社会系统论；伯恩斯等人提出的根据组织所处环境和内部条件的变化而随机应变的权变理论；彼得·圣吉根据知识经济时代信息变化快等特点提出的学习型组织理论；迈克·哈默针对企业设备、技术、管理等老化现象提出的企业再造理论；等等。

可以看出，这一阶段所反映的不是人需不需要关注的问题，而是要给予怎样的关注的问题，并由此由对人的关注引向了与人有关的环境等条件的关注。

第二章　儒家人本管理思想的起源

一、儒家人本与儒家民本甄别

提到儒家人本，我们不得不面对另一个概念，就是儒家民本。长期以来，这两个概念一直纠葛在许多专家学者的冥思苦想和唇枪舌剑中。

主张民本者，以孟子思想为肇基，以"贵民""重民""爱民""仁民""保民""利民""富民""便民"观点为主旨，强调"民惟邦本，政在养民"，因而，民本的重要内容之一便是"君主的责任与义务"，"是指一种重视下层民众地位和作用的政治思想"。

主张人本者，认为"中国古代儒家学说不仅有其极为鲜明的人本主义的思想传统，而且以其历史之悠久、思想之精湛而堪称人类人本主义思想中之大成和典范"。相对于"以民为本"而言，以人为本的"人"不仅仅包括人民，而且还包括人民以外意义上的人，包括所有的人；相对于西方人本主义而言，"以人为本"中的"人"，应当是一切社会关系的总和，是现实的、具体的人，决不能像现代非理性主义哲学那样，把人说成是一种主观意识，也不能像人本主义者那样，把人理解为一般的、抽象的人；相对于以物为本而言，以人为本要求既见物又见人，而且把人的因素放在第一位。

而且，这两种主张可以说不相上下，自然也就没有定论。

然而，经过大量的研究表明，儒家人本与儒家民本实质上不是一个谁是谁非、谁优谁劣的问题，而是谁先谁后、互为表里的问题。也就是说，儒家民本在前，儒家人本在后，儒家思想的出发点是民本，而最终的落脚点却是人本。

为了说明这个问题，我们有必要对"民本"与"人本"作一个简单的梳理。

首先，在严格意义上说，民本和人本不是一个格位体系上的"本相"。从人的"本相"

上剖析，我们可以划分为三种格位，即三个层面的"本"："道本""义本""力本"。

所谓"道本"，是本体论意义上的人本，"是离开一切限量和一切分别，是自然如如的本原"。它指的是在客观属性上，人是宇宙万物生发过程中，与其他物类并重，且相互联结和共同作用的整体，而在主观体认上，人应该具有认识万物、把握万物的能力和体恤万物、关照万物的自觉与担当，是人为其他物类立法，而不应该是其他物类的从属与产物。

所谓"义本"，是"道德仁爱之本"，它是根于人的特性，立足于道德与良心而衍生的人本意识，是指人作为同类所应该具有的相互体恤、相互尊重与关爱的"本位"意识，包括善待自己与友爱他人、成就个体与体恤社会，绝对不允许以强凌弱、以大压小，是"人之为人"与"人之所以异于禽兽"的一种特质反映。

所谓"力本"，是以人的有用性为特征的"用度之本"，它是基于人的能力与作用，出于需要与利用的考虑所产生的对人的重视与关爱，包括营造良好的工作环境与人际关系环境，提供优厚的经济待遇与个人发展前景等。

这三个层面的"本"体现的是管理者对于被管理者以及管理视域的认识与情怀：持"力本"认识的管理者是把被管理者以及潜在的管理资源当作获取自身利益的工具，关注的是被管理者以及潜在资源的有用性；持"义本"认识的管理者是在获取自身利益的同时，还自觉地承载着对被管理者以及潜在社会资源，尤其是社会弱势群体的关爱与体恤，关注的不仅仅是自身的利益，还有群体利益和社会利益；而"道本"管理者已经超越了管理本身，尤其是利益本身，把社会责任与担当作为自己的追求与使命，首先考虑的是和谐与稳定、公平与正义、生态与环境，将整个自然、宇宙和人类社会视为一个统一的、不可分割的整体来认识、规划和落实。

显而易见，在这三个层面的"本位"之中，"道本"最高，"义本"次之，"力本"最低。而儒家"民本"的旨趣恰恰就落在最低的"力本"层面上，而儒家"人本"的追求其实质也不过是借"义本"的能力来达到"力本"的功效。所以，这两种说法实际上没有本质的差异。所不同的是，儒家人本尽管实质上起到的是为封建统治添砖加瓦的作用，但它的本意还在于促使统治者通过更加人性和更加德性的方法，让老百姓自觉自愿地为封建统治服务。因而，从这个层面上，儒家人本的意境进到了"义本"的层面。

有人可能有疑问：为什么儒家民本的旨趣就陷落在"力本"的层面呢？这只要从儒家民本的"本意"分析就知道。

儒家民本的核心思想就是"贵民""重民""爱民""保民"等目标，而实现这些目标的手段，在儒家看来，可以分为如下几个层次：其一是给老百姓以休养生息的时间，即所谓"无夺民时"①、"节用而爱人，使民以时"②、"使民如承大祭"③，也即要求统治者在管理过程中要爱惜民力，保证老百姓的生产时间。其二是减轻老百姓的负担，即荀子所谓"轻田野之税，平关市之征"④、孟子所谓"省刑罚，薄税敛"⑤、董仲舒所谓"薄赋敛，省徭役，以宽民力"⑥。儒家认为"百姓足，君孰与不足"⑦，并强调"己所不欲，勿施于人"⑧。其三是任用贤良正直的官员，即所谓"道千乘之国，敬事而信"⑨、"临之以庄则敬，孝慈则忠"⑩、"举直错诸枉，则民服"⑪；等等。这些问题，在手段上看是工具性的，在过程中看是实践性的，而在结果上看又应该是物质性的，是完完全全立足于"有用性"的人本倡议与主张，而其最终的目的不过是为了稳定、强化统治阶级的统治，是彻头彻尾的"功利性"追求。

然而，儒家在注重管理的"有用性"、"实用性"与"功利性"，主张给予老百姓以更多的好处与实惠的同时，也看到了单纯物质性手段的缺陷与弊端。所以，在物质性关照的基础上，进一步提出"德治""教治""礼治"等理念。

所谓"德治"，在儒家的思想体系中，呈现出三个不同的层面：其一是倡导管理者树

① 《管子·小匡第二十》。
② 《论语·学而》。
③ 《论语·颜渊》。
④ 《荀子·富国》。
⑤ 《孟子》。
⑥ 《汉书·食货志》。
⑦ 《论语·颜渊》。
⑧ 《论语·卫灵公》。
⑨ 《论语·学而》。
⑩ 《论语·为政》。
⑪ 《论语·为政》。

立"德治"的理念，做到以德服人，即"为政以德"①；其二是要求管理者自身具备良好的道德操行，对被管理者能够起到表率和示范作用，即孔子所谓"其身正，不令而行；其身不正，虽令不从"②，孟子所谓"君仁莫不仁，君义莫不义，君正莫不正"③，荀子所谓"君者架也，架圆而水圆；君者盂也，盂方而水方"④；其三是用道德规范去约束人们的行为，认为"以德兼人者王，以力兼人者弱"⑤，主张"宽猛相济，以德辅刑"。

所谓"教治"，即是通过教育开化，提高老百姓的认识和素养来维持统治的方法。是儒家重教化、轻惩治，重精神引领、轻物质约束的重要体现。儒家强调"先教后用"。指出"不教而杀谓之虐"⑥、"以不教民战，是谓弃之。"⑦认为先不教育老百姓，等他们犯了罪以后再杀掉他们，这就是一种暴虐行径。同样，不教给老百姓必要的战斗手段、方法和能力却驱使他们上战场，这就是有意识地要抛弃他们。儒家教化的目标是人格塑造，而儒家的理想人格塑造则是"君子"。儒家认为，君子是"人之为人"和人与其他低等动物相区别的重要标志。那么，什么是君子呢？孔子说："文质彬彬，然后君子。"⑧即合于道义的内在本质与外在表现相一致就是君子。君子的要求有哪些呢？孔子说："君子不器"⑨、"君子务本"⑩、君子"自强不息"⑪，即君子不能做拘泥于具体事物的"器具"，君子有自己的"本分"，就是道德追求和行为修养，而且要求君子为此要不懈努力。

所谓"礼治"，是指包含了礼、乐、艺等非物质教化手段的开化方法。儒家主张，社会治理最有效的办法就是让老百姓自觉遵守和维护社会秩序，而调动老百姓自觉性的方

---

① 《论语·为政》。

② 《论语·子路》。

③ 《孟子·离娄章句上》。

④ 《荀子·君道篇》。

⑤ 《荀子·议兵篇》。

⑥ 《论语·尧曰》。

⑦ 《论语·子路》。

⑧ 《论语·雍也》。

⑨ 《论语·为政》。

⑩ 《论语·学而》。

⑪ 《孔子家语·五仪解》。

法和手段就是提高老百姓的人文素养,而提高老百姓人文素养的手段又主要有礼、乐、艺等。其中,礼、乐是这些非物质教化手段中最重要的手段,因此,提出:"安上治民,莫善于礼;移风易俗,莫善于乐"[①],而"乐以治内,礼以修外"[②],是当时社会最高规范"德"的基础和最基本的素养"艺"的导向,是沟通上下、联结内外的枢纽。所以,有"志于道,据于德,依于人,游于艺,兴于诗,立于礼,成于乐"[③]的逻辑和礼、乐、射、御、书、数所谓"六艺"的安排。

由上可以看出,无论"德治"、"教治"还是"礼治",都已经离开了原有的物质性关照,进入到更高层面的精神性关照,而这种精神性关照也更多地体现为"给予性"关照,因而也就赋予了德性的内涵。

这里又产生了两个问题:第一,为什么说"给予性"关照就具有了德性的内涵呢?第二,德性的内涵又意味着什么呢?

在这里,我们有必要回到前面关于"力本""义本"和"道本"的甄别。我们说"力本"是一种基于有用性为特征的"用度之本",它指的是被管理者对于管理者具有的使用价值;"义本"是一种基于道德或善的考虑或特性而体现出来的友善、仁爱之本,它指的是管理者对于被管理者所自觉承担的责任或使命,它与"力本"相反,是管理者对于被管理者所具有的使用价值;而"道本"则是基于人类在自然宇宙中的地位与作用所反映出来的"权能之本",它指的是人类对于客观规律和自然法则所具有的能力与价值,是一种公共价值。

"力本"的主体在被管理者,即管理者对于被管理者的尊重、关爱程度有多大,取决于被管理者的能力、作用有多大;"义本"的主体在管理者,即被管理者能够获取的能力、作用以外的尊重、关爱有多大,取决于管理者的道德素养、社会责任意识有多大;而"道本"的主体是在整个人类,即人类在自然宇宙中的地位、作用有多大,取决于人类自身在认识自然、改造自然中的决心和能力有多大。所以,"道本"是"本于己","义本"是"予人本","力本"是"本于人"。

所谓"本于己"是指一切主张由自己派生,一切权利由自己落实,自己是自身命运的

① 《孝经》。

② 《礼记·文王》。

③ 《论语·泰伯》。

操纵者和决定者，是一种"自我性"关照；所谓"本于人"是指一切主张由他人派生，一切权利由他人落实，自己的权利和命运完全掌握在他人之手，是一种"求取性"关照；而"予人本"则是替他人落实权利和主张，是强者对于弱者的自觉尊重与关爱，是一种"给予性"关照。"本于人"与"予人本"所体现出来的尊重与关爱表面上看都来自管理者，但有非常显著的差异。前者是管理者与被管理者的价值交换，交换的条件则是"有用"，而后者则恰恰相反，越是有道德感和责任心的企业家，就越关注弱势群体。显然，不计代价的馈赠与等价原则的交换不在同一个认识层面：前者已经进到精神层面，而后者则停留在物质层面。所以，"给予性"关照也就有德性的内涵，属于"义本"的层面。

正是这种"德性"内涵使得儒家人本具有了西方人本所缺乏的主体自觉与道德修为。而这也正是儒家人本的价值所在。人们以前经常听说"资本主义腐朽垂死"，但过了将近一百年，不仅没有看到资本主义垂死，相反，还越来越显现出生机与活力。而究其机理，正是"德性"的内涵在其中发挥了作用。按理说，西方人本在攀升到最高层面的"道本"境界时，应该具有"义本"的支撑与扶持。但由于西方人本尤其是作为西方人本起始的古希腊人本所处的时代背景、所面临的任务与使命的特殊性，使得对"道本"的追求不得不落实到对"义本"的抑制与克服上。正犹如战争是为了和平，用一部分人的牺牲能够换回大多数人的幸福一样。因为，在当时要主张人能不依赖于神甚至能够超越神，实在是有让高山低头、让海水让路的难度。而古希腊人本主义者们所选择的克服困难的路径——实证主义，不仅被证明是一把高明的手术刀，而且事实也证明在切除病瘤的同时，也伤到了肌肤。但就目前的情形来看，很可能这是唯一正确的选择。因为，无论是中国式的无神论推理，还是印度式的以佛代神，其结果都存在老病未除又添新病的问题，唯有希腊式的逻辑与论证才彻底解决了源于日月星辰的迷幻与来自喜怒哀乐的困惑，将一个了无边际的宇宙世界清晰无误地呈现在人们面前。但也正是这样一种手法，在无止境地追求公平正义、客观科学的过程中，人与人之间的情感关照淡化了，取而代之的是所谓自然法则和公平竞争。毋庸说企业之间的竞争残酷无情，"甚至在家庭成员之间，也变成了赤裸裸的金钱关系"。有人曾经对这种关系进行了详细的描述：

一家人到饭店吃饭，常常各付各的钱。父子各自经营的企业也互相吞并。有的为了独吞父母的遗产，甚至对父母和兄弟进行阴谋陷害和凶杀……老人处境凄凉，儿女不负赡养之责，也无暇照顾老人。有的孤身老人死了多日，腐烂气味从门缝溢出，才被过路人发觉报警。慕尼黑有位老人在家死了 7 年竟无人知晓。报刊哀叹这是"可悲的最高纪录"。美国一位儿童保育专家说，"家庭正在解体"，"这一后果会在整个社会投下爆炸式的影响，会使美国社会崩溃"。

不用解释大家也知道，这是之前对于"垂死"的资本主义的描述，尽管难免片面和夸张，但在一切都奉行"科学"与"确证"的传统下，它只能而且应该是必然的情形。而今天的资本主义却忽然变得通情达理而且温情脉脉，或者说过去的资本主义终究也没有走到彻底腐朽和没落的境地，德性的回归——准确地说是德性的补位是它真正的良药。所以，德性的内涵在促使个体增进并保持心性平和的同时，对群体、组织、民族、国家乃至整个社会都具有稳定和强化作用。这也应该是儒家人本主张、倡导并积极推行的社会理想。可以说，儒家的全部理想和终极努力都在围绕这一目标而展开。

然而，当我们认真追溯儒家人本思想的根源及其发展脉络时，却惊讶地发现，从孔子立儒到新儒家创说的两千多年时间里，除了内在的主张与理路存在分歧外，竟然没有显著的层次差异和阶段进展。也就是说，从先秦儒家的仁礼思想到汉代儒学的阴阳五行说，再到宋明理学，止于现代新儒学的中西合璧学说，人们很难分清它们层次上的高下和逻辑上的进展，甚至对于"民本"与"人本"的认识也没有确切的界定，即使偶有设定，也十分牵强附会，多数情况下，人本的主张和民本的主张都追溯到了同一渊源。如方敏、董增刚等人认为"孔子与孟子是'民本'思想的早期倡导者"[1]，郑思礼认为"孟子是民本主义者"，李长泰认为"孟子是民本思想非常突出的儒家代表"[2]，王其俊提出"孟子是民本

[1] 方敏，董增刚，陈建堂.中国近代民主思想史（1840—1949）[M].北京：人民出版社，2014:136.

[2] 李长泰.孟子公共理性思想研究 [M].长沙：中南大学出版社，2013:102.

主义集大成思想家"①等。黄永钢②、童超③、李钧④、龚书铎⑤等人则从人本思想的视角对孟子进行了认定，认为孟子是"人本主义"的代表性人物⑥。韦政通、李乃义则直截了当地将孟子定义为儒家人本和民本思想的集成者。韦政通认为孟子是儒家人本主义的大师，也是民本思想最有力的宣扬者，李乃义提出："孟子的人本与民本思想从未得到任何权力制度的统治者青睐，孟子成为政治话语权下的'亚圣'。"⑦向晋卫也在其《人本与民本——两汉儒家政治思想的中心》一文中较为全面地论述了人本与民本共生共荣的景象。可见，在中国传统思想中是无所谓民本与人本的甄别的。

出现这种情况的原因，其一是大家对于民本与人本的认识存在歧义；其二是无论儒家或是儒家以前的思想传统，本就没有人本与民本的明确分层；其三是用人本与民本的分层方法也不符合科学逻辑。只是按照人们的习惯用法，我们依然将包含着"力本""义本"与"道本"意志的管理思想统称为人本思想。

二、儒家人本思想起源

儒家人本思想是如何起源的呢？为了弄清这个问题，我们还得借助中国思想传统关于民本与人本的说法。除了前述在民本与人本方面混为一谈的说法外，也有人对民本与人本思想的起源做了明确界定，如王玉亮提到：早在西周时期，周太师姜尚在《三略·上略》中最早提出了人本思想；田学斌也提出"民本思想早在殷商与西周时代已见端倪……《左传》中的民本思想更加鲜明突出"⑧；魏宁馨则认为，"民本思想"大致萌芽于西周，形成于春秋战国时期，在汉唐时期发展成熟，到了明清时期走向完善。表面上，这些说法

① 王其俊. 中国孟学史（下册）[M]. 济南：山东教育出版社，2012：861.

② 黄永钢，鲁曙明. 东学西渐·美国大学核心课程中的华夏经典 [M]. 广州：中山大学出版社，2015：5.

③ 童超. 看得见的中国史（上卷）[M]. 北京：北京大学出版社，2014：122.

④ 李钧，单承彬. 传统文化与现代中国文学名家 [M]. 济南：山东大学出版社，2014：91.

⑤ 龚书铎，刘德麟. 春秋战国的故事（青少年彩图版）[M]. 南京：江苏人民出版社，2013：105.

⑥ 卜晓梅. 儒家"仁礼义"思想与新人本管理模式 [J]. 决策探索，2014，（9）：78.

⑦ ［美］李乃义. 一个海外华人讲的中国人的故事 [M]. 北京：东方出版社，2015：101.

⑧ 田学斌. 传统文化与中国人的生活 [M]. 北京：人民出版社，2015：315.

大体相当，但实际上相差甚远，因为殷商与西周相距了将近三百年。况且，提出的依据均与"重民""保民"相关，且没有格调和本质的差异。如此一来，关于民本思想的起源就不是殷商亦可、西周更兼的问题，而应该是依据出自何时，根基便源自哪里。之所以如此，原因在于，中国"重民""保民""爱民""惜民"的传统如果说是起源于殷商或是西周，那肯定是对中国历史的误解甚至歪曲。因为，一部博大精深、源远流长的中国历史，充盈的处处都是圣意民情，从黄帝为民操劳、得民心、顺民意，到颛顼"养材以任地……治气以教化"，再到帝喾"顺天之意，知民之急……抚教万民而利诲之"，尧"其仁如天""平章百姓"，舜"举八恺，内平外成"，大禹治水"三过家门而不入"，都是统治阶层"为民""爱民"的生动写照。所不同的是，这些"写照"都不是历史的"记实"，而仅仅是历史的传说，其真实性如何的确值得质疑。然而，一个不可否认的事实是，这些都是有文字以来记载下来的关于先民们口口相传的历史。在世世代代口口相传的过程中，难免会有遗漏、夸大等成分，但其基本梗概应该不容否认。相反，在古希腊哲人苏格拉底、柏拉图看来，"口传历史"的客观真实性，尤其是历史传承的客观真实性，要远比"文传历史"的客观真实性好。因为，一旦使用文字以后，人们对于历史的记忆将依赖的是文字记载，也就没有人真正把历史放在记忆中，而如果文字出现散佚或误解或篡改，或不同的人站在不同的角度或观点看待同一历史，历史的真相也就可能永远失去。这也就是为什么历史上出现许多颇具争议的事件的主要原因。"口传历史"如果能够做到家喻户晓、世代相传，其客观真实性应该是不容置疑的。所以，中国历史上那些关于人文关怀的先贤故事绝不会或者至少不全会是毫无根据的。况且，据《礼记·乐记》的记载，在舜帝所作的《南风歌》中就有"南风之熏兮，可以解吾民之愠兮；南风之时兮，可以阜吾民之财兮"等诗句，意即春风徐徐可以解除老百姓的愁苦，春风何时可以增加老百姓的财富。其对民众的关怀、体恤之心不言而喻。既然从"三皇五帝"开始就有了"民本关怀"的举措，那么，中国的"民本思想"是不是也就应该被认定从此"发轫"[1]？我以为不然。原因在于，在尧、舜所处的上古时代，还没有形成明显的阶级差异，氏族首领与成员之间是相互协作、平等

---

[1] 杨振生.《南风歌》——中国最早的对联雏形 [J]. 对联、民间对联故事, 2005, (11).

互利的关系，因而不构成严格的管理与被管理、统治与被统治的关系，也轮不到谁同情谁、谁支持谁，只是尧、舜、禹这些敢于担当、乐于奉献的优秀人物从中发挥了积极的统领作用，并获得了人们的高度认可。至于以"吾"自居、与"民"布施的口吻，不过是后人的尊重与表达而已。因而，严格意义上的"民本思想"应该从奴隶制度确立以后的夏朝开始。之所以从夏朝开始，原因在于：第一，历史遗存留下了不少关于夏朝创建者、统治者"重民""爱民"的记载。《尚书·夏书·五子之歌》中的"皇祖有训，民可近，不可下""予临兆民，懔乎若朽索之驭六马"明确地告诉子孙后代：先祖禹有训示，老百姓可以亲近，但不可以欺凌；面对老百姓，统治者应该要有用腐朽的绳索驾驭六匹奔马的畏惧心理。《尚书·大禹谟》有"德惟善政，政在养民""德罔克，民不依""后克艰厥后，臣克艰厥臣，政乃乂，黎民敏德"等诏示，意思是说：统治者最好的德行就是清明的政治，而清明政治的目的在于关爱人民；如果统治者德行不够，老百姓就不会依从；如果君主知道为君之难，臣子知道为臣不易，国家肯定能治理好，老百姓也就会注意自己的德行。《尚书·皋陶谟》有"安民则惠，黎民怀之""天聪明，自我民聪明；天明畏，自我民明威"等记载，也在告诫统治者：要使老百姓安定就一定要给予实惠，这样也才能得到老百姓的拥戴。老百姓是上天的耳目，上天的明察与奖惩皆来自老百姓，等等。第二，今天的人们引以为据的"民本"典据"民惟邦本，本固邦宁"也同样出自《尚书·夏书·五子之歌》，尽管是后人的追记，但它和其他语言环境是相吻合的。第三，后世尽管有关于"重民""爱民""保民"等各种倡议和主导，但基本上都局限在"民惟邦本，本固邦宁"的范畴内，再也没有高出其立意的其他命题。

当然，以夏为"民本"立脚的依据的确有些勉强，甚至存在缺陷。原因在于，在夏之"民本"中的民不是"主本"，而是"副本"。因为，我们从很多地方都能够看出，在夏朝统治阶层强调"民"的重要性的同时，更重要的前提是"祖"、是"天"，即是祖宗要我们重视老百姓、尊重老百姓，不然会遭到上天的惩处，会地位不保。因而，在他们观念中那个发自内心的"本"是能够给他们带来荫庇的祖宗和决定他们命运前途的上天，之所以要"重民""爱民"，不过是因为怕有违祖宗、得罪上天，以至地位不保。因此，夏"民"

之"本"是地地道道地出于功利性考虑的"有用性之本"。这和商之所谓"先王有服，恪谨天命"①"汝克黜乃心，施实德于民"②，周之所谓"民之所欲，天必从之"③，春秋战国之"天爱民甚"④"忠于民而信于神"⑤，包括孔子的"古之为政，爱人为大"⑥，孟子的"保民而王"，以及汉代董仲舒的"人之（为）人本于天"⑦，唐之所谓"君依于国，国依于民"⑧，宋之所谓"帝天之命，主于民心"，明代所谓"顺民之欲，因民之利"等是没有本质差异的。所有这些"民本"的背后，都有一个根本的"主因"，即是如果不重视、关爱老百姓，很可能会危及统治阶级的统治。所以，就"民本"的动因和目的而言，从夏至清基本一致。如果要说到差异，就在于从"人本"的三种格位而言，存在"力本"与"义本"的差异，而这种差异也显得十分细微而且纠结。之所以得出如此结论，关键在于，在中国人本思想的源流中，没有出现重大的波澜与转向。究其原因，主要是中国从夏至清百始至终都处于强权政治之下，除战国春秋及几个改朝换代的间隙存在短暂的权力真空外，基本上都以王朝意志为主流话语。因此，在对弱势群体的认识、评价及扶助中，首先考虑的是弱势群体对于权力阶层的危害，即为了防止弱势群体危害权力阶层，应该或者说不得不给予他们相应的尊重和关爱。这一逻辑应该说是古今亦然，中外亦然。否则，除非如古希腊一样无法实现强权统治或者欧洲资产阶级革命以后强权统治被推翻或受到抑制。也就是说，这种形式的"民本"都是有条件的、交换式的。所以，我们也才看到，在孔孟所处的春秋战国时期、顾王⑨所处的明末清初之际，以及康梁⑩、孙中山等所处的辛亥革命时期，"民本"的呼声才更多地体现为"无条件""还予式"的尊重与关爱。但是，由于春秋战国、

---

① 《尚书·盘庚》。

② 《尚书·盘庚》。

③ 《尚书·泰誓上》。

④ 《左传·襄公十四年》记载："天之爱民甚矣，岂可使一人纵于民上，以肆其淫，以弃天地之性。"

⑤ 《左传·桓公六年》。

⑥ 《礼记·哀公问》。

⑦ 《春秋繁露·为人者天》。

⑧ 唐纪八．资治通鉴（卷一九二）[M]．北京：中华书局，2019：746．

⑨ 指顾炎武、王夫之。

⑩ 指康有为、梁启超。

明末清初等权力间隙真空时间短,"民本"思想家们的王权思想还相当严重,所以,"民本"的限度还经常处于"给予""赠予"或"还予"的摇摆中。因此,我们能够显而易见地感受到,在这些情境下的民本主张要少许多功利、多一些道义与担当。如孔子也有"民之所好好之,民之所恶恶之"①"因民之所利而利之"②等依从民意的有关主张。但孔子说这番话的背景、用意和手段就显然与夏、商、周的类似表达有重大差异。首先,就背景而言,夏、商、周的类似表达相当于领导给下属训话,要他们注意老百姓的动向和感受,给老百姓相应的关爱与实惠,而孔子的这番话是在《礼记·大学》和《论语·尧曰》中的表述,前者相当于课堂"讲义",后者具体则是子张问政时的答复,相当于教学"答疑",所以总体上,孔子的这些言论相当于个人的思想主张,既没有夏、商、周的强制性,也没有相应的现实性。其次,就用意而言,夏、商、周的类似表达很直接,就是要维护其统治地位,是一种完全功利性的追求与表达,相当于统治者的施政训令,而孔子尽管在《论语·尧曰》中也涉及施政主张,但由于他本人不是主政者,而子张也不是从政者,且仅仅是师生关系,所以,孔子在此及《礼记·大学》中的用意仅仅是教育学生或受教育者要具备关爱、尊重老百姓的思想和情操,完全属于道德层面的追求与表达。最后,就手段而言,夏、商、周的统治者们无一例外地用到了"威胁"或"恐吓"的手段,要么是拿"先王"为幌子,要么是拿"上天"为托词,要么就是拿下属的"不是"为把柄,要挟他们要善待老百姓,否则,大家一同完蛋。而在孔子这里,由于没有为政的重任以及丧权的烦恼,所以,他既没有必要实际上也没有采取任何"威胁""恐吓"乃至"利诱"的手段,所有的不过是"谆谆教诲"和"循循诱导",完全摆脱了"政治和权力来源"的"宪政原则",③是地地道道的"德性关怀"。因此,他谈到德在施政中的地位与作用时说:"为政以德,譬如北辰,居其所而众星共之。"④重在强调德的示范作用与凝聚作用,与"德罔克,民不依"⑤的强制性说法有着本质的差异。

同样,孟子"民贵君轻"的思想表达表面上与夏禹之"民惟邦本"、周公之"民为天

---

① 《礼记·大学》。

② 《论语·尧曰》。

③ 盛洪.儒学的经济学解释[M].北京:中国经济出版社,2016:238.

④ 《论语·为政》。

⑤ 《尚书·大禹谟》。

本"①、唐代之"国依于民"②等表达相类似，但同样存在由于语言背景不同所导致的差异。"民惟邦本"的语出背景是夏禹的孙子太康即位后荒淫无度，引起老百姓反感，有穷部落的首领后羿乘机夺取了政权，太康的五个弟弟于是作了一个既相当于检讨又相当于檄文的诏告，后人称为《五子之歌》，并在此激励下得以复国。在此，该昭告既可以看作是统治阶层发自内心的检讨，也可以看作是利用老百姓的一种手段。但从后来夏朝统治者并没有给予老百姓多少真正的关爱与实惠来看，不过就是欺骗老百姓的工具与手段。而周公所谓"民为天本"的表达，确有劝进政治、尊重民生的思想主张，但也还是为了周王朝地位的巩固。因此，还是功利性的"力本"需求。至于"国依于民"的发话者唐太宗是地地道道的最高统治者，他说要依靠老百姓，要尊重和关爱老百姓，是觉得老百姓的确是社会经济发展的支柱，的确为唐王朝的建立和兴盛起到了不可或缺的作用。但，他的"本"意是要用尊重、关爱来回馈老百姓呢，还是希望老百姓能够为唐王朝今后的长治久安继续卖力呢？如果是前者，无疑是德性的发挥；如果是后者，则充其量只能是知性的回归。显然，作为中国历史上少有的圣明君主，唐太宗的认识和作为依然无法摆脱作为统治阶层的利己追求，只不过他比一些昏聩、平庸的君主更开明、更智慧而已。所以，当作为团体的统治阶层或作为群体的统治阶级在说"老百姓要比我们更重要，更应该受到尊重和礼遇"的时候，全天下人都知道，这只不过是一个漂亮的谦辞，千万不能当真。否则，不仅不能受到应有的尊重和关爱，杀头的待遇也随时都有可能。故此，有人断言："中国传统的民本思想从来没有也不会触及封建制度，是专制统治的工具，不会产生民主制度。民本思想是从专制统治的长远考虑的，是为专制统治者出谋划策的；民本思想的核心'民'从来就不是与'君'平等的主体，甚至'知'的权力也没有。"③并借用韩非子的话说："君上之于民也，以难则用其死，安平则用其力。"④其实用主义、功利主义的形态跃然纸上。

但孟子"民贵君轻"的表达则不同。首先，从身份上来看，"孟子本身不是统治者，

---

① 黄玉顺. 中国正义论的形成——周孔孟荀的制度伦理学传统 [M]. 北京：人民东方出版传媒，北京：东方出版社，2015:74.

② 唐纪八. 资治通鉴（卷一九二）[M]. 北京：中华书局，2019：784.

③ 刘旺洪. 社会主义核心价值观研究丛书（民主篇）[M]. 南京：江苏人民出版社，2015:39.

④ 《韩非子·六反·诸子集成》。

他是一个文化精英，是一个文化英雄，他可以站在一个非常中立的立场来讲这件事情"①。所以，当孟子提出"在一个国家的各个阶层中，老百姓的地位最高，国家权力阶层次之，君主最后"的观点时，我们丝毫也不怀疑他在装腔作势地替统治阶级粉饰太平，这应该是他发自内心的感悟。其次，从语言环境来看，孟子的这番话出自《孟子·尽心》的下篇，并没有具体所指，相当于孟子思想的集锦。所以，完全没有为统治阶级出谋划策的嫌疑，自然也就是他真心实意的思想表达。再次，从人生际遇来看，孟子可以说一生都不得志，他怀着满腹经纶，穿行于梁、齐、宋、滕、鲁等诸侯国，来推销他的经天纬地韬略，尽管这些国家的统治者们一个个都被他饱含哲理的思辨与逻辑辩驳得理屈词穷，但除了认为他"迂远而阔于事情"②外，他每次都空手而归。这也表明他没有或不愿意揣测君主的心思去说话。最后，从统治阶层的反应来看，孟子关于"抑君重民""仁政王道"的这套思想尽管义理深厚，其目的也完全是富国强兵，但对统治者来说并没有实质性的利益和好处。所以，才有对于他"迂远而阔于事情"的评价。这也再一次证明，孟子的"民本思想"在驱除功利、返璞归真方面的确要实在得多，是真正站在道德制高点的告白与劝慰，从而我们说进到了人本格位的"义本"层面。

与此相类似，处于明清交替之际的顾炎武、黄宗羲、王夫之以及清末的许多思想家，其思想言论和民本主张都有超越统治阶级为需为用的利己观念，而迈入权力共享、利益均沾的"公共治理"视域。如顾炎武的名言"天下兴亡，匹夫有责"，包含着"天下是天下人的天下"，有"天下人共同担当与拥有"的观念与主张。针对历朝历代都是官宦尊享、民贫众弱的历史状况，发出"藏富于民"③的呐喊与倡议。黄宗羲作为明末清初思想政治的代表人物，认为"天下为主君为客"，并依据"人各自私也，人各自利也"的人性法则，提出"天下非一姓之私也"，主张以"天下之法"取代"一家之法"，并公然宣称："为天下之大害者，君而已矣。"④有"东方孟德斯鸠"之誉的王夫之，在此基础上进一步提出"公

---

① 盛洪.儒学的经济学解释 [M].北京：中国经济出版社，2016：237.

② 臧克和，顾彬，舒忠.孟子研究新视野·孟子研究论丛第一辑 [M].北京：华龄出版社，2013：93.

③ 昆山市文化发展研究中心.顾炎武研究文集·纪念顾炎武诞辰四百周年 [M].上海：上海人民出版社，2014：135.

④ 《明夷待访录·原君》。

天下""易君臣"①的激进主张，被谭嗣同称为"纯是兴民权之微旨"，被梁启超赞为有"裁抑专制"之功，"几夺卢梭《民约》之席"，对维新运动思想家们产生了广泛而深远的影响。其后，康有为的"君末民本"，梁启超的"人民为政"，谭嗣同的"兴民权""倡民主""行变法"，以及孙中山的"三民主义"等等，比较显著地将儒家"民本"的"本色追求"推进到了"义本"的境界。

但，由于当时中国社会的状况，孔子所谓"明主之治民有法，必别地以州之，分属而治之，然后贤民无所隐，暴民无所伏。使有司日省如时考之，岁诱贤焉，则贤者亲，不肖者惧。使之哀鳏寡，养孤独，恤贫穷，诱孝悌，选贤举能"②的理想追求化为对民主政治的念念臆想。而孟子所谓"五亩之宅，树之以桑，五十者可以衣帛矣。鸡豚狗彘之畜，无失其时，七十者可以食肉矣。百亩之田，勿夺其时，数口之家可以无饥矣。谨庠序之教，申之以孝悌之义，颁白者不负戴于道路矣。七十者衣帛食肉，黎民不饥不寒"③的"农村最低生活保障建议"和"安居农耕生活构想"也成为无法实现的假想和空想，这也是儒家民本主要停留在"力本"层面的主要依据。同时，也正是由于这种原地踏步与间或式潮涌的思维模式，儒家人本很难有严格的阶段之分和层次之别。因而，也很难按照递进关系进行全面梳理。

---

① 《尚书引义（卷四）》。

② 《大戴礼记·主言》。

③ 《孟子·梁惠王上》。

第三章　儒家人本管理思想的内涵

由于历史渊源及其发展路向的不同，东西方人本管理思想在许多方面存在着重大差异。本书从义理与功利入手，剖析两者在认识论层面的分歧；以体道与践行为立足点，甄别两者在实践论层面的差异；以教化与惩处为范例，揭示两者在方法论层面的对立。

一、义理与功利：认识论层面的分歧

"义利之说，乃儒者第一义。"[①] 这是朱熹在评价儒家义利观时的基本认识。同时也可见，义理与功利在儒家思想体系中的重要性。但，一直以来，我们在对待儒家关于义理与功利的关系问题时，都是一言以蔽之：儒家重义理而轻功利。然而，不同的人对"重"与"轻"这两个概词的理解分量是不同的。总体上可以分为如下三种情形：

（一）重义理而次功利

所谓重义理而次功利，即是指将义理放在首位而将功利放在其次。不是不重功利，认为功利同样很重要，但再重要也没有义理重要。我们回顾先秦儒家的义利观时，这种认识都会油然而生。孔子是儒家义利观的创辟者，他对义理与功利是有清醒的认识的。他首先肯定"利"的合理性与正当性，提出"富与贵，是人之所欲也""贫与贱，是人之所恶也"的观点[②]，只要条件允许，就要抓住机会，因此，"富而可求也，虽执鞭之士，吾亦为之，如不可求，从吾所好"[③]，并且认为"邦有道，贫且贱焉，耻也"[④]。更为重要的是，儒家

---

① 《朱子文集（卷二十四）·与延平李先生书》。

② 《论语·里仁》。

③ 《论语·述而》。

④ 《论语·泰伯》。

自孔子开创了一条"学而优则仕"的功利途径,孔子明确地指出:"三年学,不至于谷,不易得也。"①而且,作为管理者或者统治阶级的五大美德之一就是"因民之所利而利之"②。尤为重要的是,孔子在与他的弟子讨论管仲的问题时的态度,为我们认识孔子的义利观提供了很好的依据:

> 子路曰:"桓公杀公子纠,召忽死之,管仲不死。"曰:"未仁乎?"

> 子曰:"桓公九合诸侯,不以兵车,管仲之力也。如其仁!如其仁!"

> 子贡曰:"管仲非仁者与?桓公杀公子纠,不能死,又相之。"子曰:"管仲相桓公,霸诸侯,一匡天下,民到于今受其赐。微管仲,吾其被发左衽矣。岂若匹夫匹妇之为谅也,自经于沟渎,而莫之知也。"(《论语·宪问》)

孔子的意思很明显,"仁"是很重要的、不可动摇的根基。然而,在三种情况下,功利就等同于义理:一是所建立的功业合乎社会稳定、邦国和谐,所以,管仲辅佐桓公"九合诸侯,不以兵车"即是"仁";二是所建立的功业能够使老百姓受到恩惠,如"管仲相桓公,霸诸侯,一匡天下,民到于今受其赐",也是"仁";三是所建立的功业为老百姓所认可或称道,即"匹夫匹妇之为谅",同样是"仁",而且这种"仁"可能在孔子看来是最具实际意义的"仁"。因此,他在称颂尧的贤圣时即用了"荡荡乎!民无能名焉。巍巍乎!其有成功也;焕乎,其有文章!"③的表述。可见,孔子对于功利是持肯定与鼓励的态度的。孟子继承了孔子的思想,提出"人亦孰不欲富贵"④的反思,认为利益就如同"口之于味也,目之于色也,耳之于声也,鼻之于臭也,四肢之于安佚也,性也"⑤,是由人的本性所主使的。因此,为了保障广大民众的利益,主张"制民之产,必使仰足以事父母,俯足以畜妻子,乐岁终身饱,凶年免于死亡。"⑥认为"民之为道也,有恒产者有

---

① 《论语·泰伯》。

② 《论语·尧曰》。

③ 《论语·泰伯》。

④ 《孟子·公孙丑下》。

⑤ 《孟子·尽心下》。

⑥ 《孟子·梁惠王上》。

恒心，无恒产者无恒心。苟无恒心，放辟邪侈，无不为己"。①因此，"五亩之宅，树之以桑，五十者可以衣帛矣；鸡豚狗彘之畜，无失其时，七十者可以食肉矣；百亩之田，勿夺其时，数口之家可以无饥矣"②。荀子对此亦持相同的观点，认为"凡人有所一同：饥而欲食，寒而欲暖，劳而欲息，好利而恶害"③的本性。因此，"好荣恶辱，好利恶害，是君子小人之所同也。"④"虽尧舜不能去民之欲利"⑤，故而统治者能够取得的理想功业是"兼足天下""上下俱富"⑥。

　　然而，先秦儒家对功利的认识无论多高，其前提总是放置在义理之下的。所以，孔子曰："君子义以为上"⑦"君子义以为质"⑧，尽管孔子是对君子而言的，一方面是作为身份而言，君子起着承上启下的作用，君子重义则上下俱有可能重义；另一方面是作为一种道德追求，"君子"是孔子拟定的追求目标，所有不甘堕落的人们都应当以"君子"的操行为准绳。因此，这里实际上是对所有人而言的。并进而提出："君子谋道不谋食""君子忧道不忧贫"⑨"君子喻于义，小人喻于利"⑩。关于义与利的逻辑关系，孔子认为"礼以行义，义以生利，利以平民，政之大节也"⑪。尽管"富与贵，是人之所欲也"，但如果"不以其道得之，不处也；贫与贱，是人之所恶也，不以其道得之，不去也。"⑫对于

① 《孟子·滕文公上》。
② 《孟子·梁惠王上》。
③ 《荀子·荣辱》。
④ 《荀子·荣辱》。
⑤ 《荀子·大略》。
⑥ 《荀子·王制》。
⑦ 《论语·阳货》。
⑧ 《论语·卫灵公》。
⑨ 《论语·卫灵公》。
⑩ 《论语·里仁》。
⑪ 《左传·成公二年》。
⑫ 《论语·里仁》。

他自身而言，他坚持"不义而富且贵，于我如浮云"①。所以，他主张"见利思义"②"见得思义"③"义然后取"④。并要求"志士仁人，无求生以害仁，有杀身以成仁"。⑤孟子站在前人的基础上，首先肯定"义，人之正路也"⑥，继而提出："非其义也，非其道也，禄之以天下，弗顾也；系马千驷，弗视也。非其义也，非其道也，一介不以与人，一介不以取诸人。"⑦并且认为，如果"万钟则不辩礼义而受之。万钟于我何加焉？"⑧即使面临着生与义之间的抉择，他认为如果"二者不可得兼，舍生而取义者也"。⑨并以"富贵不能淫，贫贱不能移，威武不能屈"⑩"穷则独善其身，达则兼济天下"。⑪作为人生准则。荀子是先秦儒家义利观的继大成者，他一方面肯定人的欲求的合理性，指出："人生而有欲，欲而不得，则不能无求，求而无度量分界，则不能不争。争则乱，乱则穷。先王恶其乱也，故制礼义以分之，以养人之欲，给人之求。使欲必不穷乎物，物必不屈于欲，两者相持而长，是礼之所起也。"⑫认为礼是源于人的生理欲求，又保障人的生理欲求的基本规范。尤为重要的是，荀子坚持利的欲求与满足首先应该由"下"即广大民众开始，认为"下贫则上贫，下富则上富"⑬。因此，鉴于这一逻辑，统治者应当"因民之所利而利之""兴天下之利"⑭来达到使民富的目的，并将"善生养人"作为"君道"之"本"，认为统治者乃至客观规

---

① 《论语·述而》。

② 《论语·宪问》。

③ 《论语·季氏》。

④ 《论语·宪问》。

⑤ 《论语·卫灵公》。

⑥ 《孟子·离娄上》。

⑦ 《孟子·万章上》。

⑧ 《孟子·告子上》。

⑨ 《孟子·告子上》。

⑩ 《孟子·滕文公下》。

⑪ 《孟子·尽心上》。

⑫ 《荀子·礼论》。

⑬ 《荀子·富国》。

⑭ 《荀子·王霸》。

律的目的或者责任，就是要使天下民众生息和安乐，"故天之所覆，地之所载，莫不尽其美，致其用，上以饰贤良，下以养百姓而安乐之。"① 另一方面，在义与利的关系问题上，他从"义与利者，人之所两有也。虽尧、舜不能去民之欲利，然而能使其欲利不克其好义也。虽桀、纣亦不能去民之好义，然而能使其好义不胜其欲利也"。② 的基础出发，坚持儒家先义后利、以义统利的思想传统，提出"先义而后利者荣，先利而后义者辱"③ "义胜利者为治世，利克义者为乱世"④ 的观点，认为"君子之能以公义胜私欲也"⑤，主张"兴天下之同利"⑥。并在孔子见利思义、孟子去利怀义认识的基础上，提出以礼制利、以义制利的思想，他指出："富有天下，是人情之所同欲也，然则从人之欲，则势不能容，物不能赡也。故先王案为之制礼义以分之，使有贵贱之等，长幼之差，知愚、能不能之分，皆使人载其事而各得其宜。"⑦ 意思是说，人的欲望是无止境的，如果不加以有效地遏制，不仅物质上无法满足，而且这种发展趋势也会为客观规律所不容。同时，荀子还主张"先富后教"。认为统治的前提在于老百姓有一定的物质基础，"不富不厚之不足以管下也"⑧。因此，要对老百姓进行有效的管理，就必须"职而教之"⑨，而"职教"的具体内容包括"顺州里，定廛宅，养六畜，闲树艺，劝教化，趋孝弟，以时顺修"⑩；其次是强调"先爱后用"。认为"不爱而用之者，危国家也"⑪，"故有社稷者而不能爱民，不能利民，而求民之亲爱己，不可得也。民不亲不爱，而求为己用，为己死，不可得也"⑫；最后是"言传身教"。

① 《荀子·王制》。
② 《荀子·大略》。
③ 《荀子·荣辱》。
④ 《荀子·大略》。
⑤ 《荀子·修身》。
⑥ 《荀子·正论》。
⑦ 《荀子·荣辱》。
⑧ 《荀子·富国》。
⑨ 《荀子·王制》。
⑩ 《荀子·王制》。
⑪ 《荀子·富国》。
⑫ 《荀子·君道》。

他认为"上重义则义克利，上重利则利克义。故天子不言多少，诸侯不言利害，大夫不言得丧，士不通货财。有国之君不息牛羊，错质之臣不息鸡豚，冢卿不修币，大夫不为场园，从士以上皆羞利而不与民争业，乐分施而耻积藏。然故民不困财，贫窭者有所窜其手"。[1]通过士以上这些统治阶层"羞利"而"重义"的榜样作用，从而达到老百姓对"义"的高度认同与仿效。

但在孔子关于义与利的关系中，有一层是很少为人所关注的，即利对于义的诠释和推广作用是不可估量的。据《吕氏春秋》载：

鲁国之法，鲁人为人臣妾于诸侯，有能赎之者，取其金于府。子贡赎鲁人于诸侯，来而让，不取其金。孔子曰："赐失之矣。自今以往，鲁人不赎人矣。取其金则无损于行，不取其金则不复赎人矣。"子路拯溺者，其人拜之以牛，子路受之。孔子曰："鲁人必拯溺者矣。"孔子见之以细，观化远也。[2]

这段话的意思是说，鲁国有规定：凡鲁国人沦为其他国家诸侯的奴隶，如果有能力把他（她）赎回的，（回到鲁国后）可以到官府去拿回自己的赎金。子贡有一次到国外去，就赎回了一个这样的鲁国人。但他回国以后却谦让，没有到官府去取回自己的赎金。孔子知道了这件事情后，不仅没有表扬子贡，还给予了严厉的批评。他说：子贡的这种做法因小失大。自此以后，鲁国人再也不会有人自己掏钱去赎人了。如果能够把自己垫付的赎金取回来，那么，这种做法会得到延续；如果取不回自己垫付的赎金，就不会再有人去赎人了。从客观上看，子贡的这种行为不仅不值得提倡，而且还妨碍了这一善行的更广泛和深入的推行，是一种短视行为。与此相反，子路有一次救了一位溺水者，当事人用一头牛来答谢他，子路接受了。孔子高兴地说："在鲁国，拯救溺水者的行为会受到仿效。"孔子在这里既有维护当事人权利的意思，但更重要的是善于透过现象看本质，将微观的利转化为宏观的义。也就是说，不仅"义以生利"[3]，而且利也能够生义。

① 《荀子·大略》。
② 《吕氏春秋·先识览·察微》。
③ 《国语·晋语》。

（二）重义理而轻功利

所谓重义理而轻功利，是指看重义理而忽视功利。表现在：其一，过分强调义理而有意或者无意地掩盖功利；其二，在形式或者理论上看重义理而在实际中忽视功利；其三，关于义理和功利的认识相互矛盾；其四，以社会功利取代个人功利。这一认识应该说贯穿于秦汉以后儒学的主要过程，而之所以会出现这些情形，主要在于儒士们的思想认识在很多时候必须要服从统治阶级的统治需要。当统治阶级的统治政策比较舒缓或者缺失时，儒士们的思想就可能比较活跃而激进；当统治阶级的统治政策比较僵硬或者已成贯制时，儒士特别是御用儒士们的思想则肯定要"灵动"而随附。以董仲舒为例，他一方面主张"去利崇义"，要求人们"正其谊不谋其利，明其道不计其功"[①]，但另一方面又提出"义利两养"的观点，认为"天之生人也，使之生义与利，利以养其体，义养其心，心不得义不能乐，体不得利不能安"。[②] 即是从天赋观念上赋予了人获利的权利，并且认为人有欲望对统治阶级来说是一件好事情，因为"有所好然后可得而劝也，故设赏以劝之。有所好必有所恶，有所恶然后可得而畏也，故设罚以畏之。既有所劝，又有所畏，然后可得而制也"[③]。而且，圣人治世的功绩不仅在于肯定人的欲望，更在于满足人的欲望，所不同的是在满足的过程中加以引导和节制罢了。所以，"圣人之治民，使之有欲，不得过节；使之敦朴，不得无欲。无欲有欲，各得以足，而君道得矣。"[④] 此外，董仲舒为了表达对老百姓利益的关注和为统治阶层找到身体力行的方法和途径，他用"拔葵去织"的典故告诉"食禄者"如何维护老百姓的利益。典故说：公仪休为鲁国相，一次回家，发现自己的妻子在织布，就把她给休了；在家里吃饭时吃到自家种的冬葵（古代的一种蔬菜），便把地里的冬葵全部拔掉。而且生气地说："我已经拿了国家的俸禄，又怎么能去夺农夫、女工的利益呢？"[⑤] 显然，董仲舒后面的这些发乎情而动乎义的认识与他前面的豪迈主张

---

① 《汉书·董仲舒传》。

② 苏舆. 春秋繁露义证 [M]. 北京：中华书局，1992:263.

③ 苏舆. 春秋繁露义证 [M]. 北京：中华书局，1992:173.

④ 苏舆. 春秋繁露义证 [M]. 北京：中华书局，1992:174.

⑤ 《汉书·董仲舒传》。

是不一致的，而这也恰恰证明他的思想处于自我体认与统治者威压的挣扎之中。因而，也决定了在他的主张之中不可能有真正的"义利两养"。故而，在自觉与不自觉之间，他便道出了"利者，盗之本也"[①]"天之为人性命，使行仁义而羞可耻，非若鸟兽然，苟为生，苟为利而已"[②]的实情。

又以晚清儒者们的义利观为例。晚清儒者的义利观应该是中国历史上儒家义利观中动议最大的义利观念。因为，在这个时候，他们一方面受到了当时中国被列强欺凌的强烈刺激，另一方面又看到了清政府之所以羸弱和列强之所以强大的根源，看到了资本主义由制度文明而至器物文明的成长奥秘。同时，又对中国历史上各个时代义利观的利弊有了清晰的认识。所以，在义与利的问题上，几乎都持重"人欲"而非"天理"的观点。康有为首先站出来肯定了"人欲"的合理性，他认为"有耳目身体，则有声色起居之欲"，"身之有性情也，若天之有阴阳也。言人之质而无其情，犹言开之阳而无其阴也"。因此，人的一切努力都应该是缘于人欲"而行之"，以便合理地予以满足，"夫天生人必有情欲，圣人只有顺之，而不绝之"。因为，"使民有欲，顺天性也；不得过节，成人理也"。而且，人欲作为自然生理现象，非但不是恶，而且正是人们所追求的"仁"的具体体现，所谓"欲者爱之征也，喜者爱之至也，乐者又极其至也，哀者爱之极至而不得，即所谓仁也"。人类社会的进化正惟于人的欲望，"人之愿欲无穷，而治之进化无尽"。王韬从富国与富民的关系出发，提出"富国强兵之本，系于民而已""商富即国富"，并且从一般的逻辑出发推导出"仓廪实而知礼节，衣食足而知荣辱，民即能自谋其生以优游于盛世，自然可静而不可动，故舍富强而言治民，是不知为政者也"。马建忠则通过对西方资本主义的考察，深有感触地说："以为欧洲各国富强专在制造之精，兵纪之严；及披其律例，考其文事，而知其讲富者以护商会为本，求强者以得民心为要。"因此，政府"宜因民之利，大去禁防，使民得自谋其生，自求其利"，从而达到"转贫民为富民，民富而国自强"的目的。魏源亦从其"以实功程实事，以实事程实功"的功利主义主张出发，提出"自古有不王道之富强，无不富强之王道"的观点。与此同时，几乎都将矛头指向了"存天理灭人欲"的宋儒义利

---

① 《春秋繁露·天道施》。

② 《春秋繁露·竹林》。

观，章太炎认为"宋世言天理，其极至于锢情灭性，烝民常业，几一切废弃之。"谭嗣同亦指出："世俗小儒，以天理为善，以人欲为恶，不知无人欲，尚安得有天理！"表面上看，晚清思想家们的义利观似乎蜕尽了儒家义利尤其是宋儒义利中"重义轻利"的陈腐观念，走上了重利而轻义的功利主义"通途"。但实际上，他们眼里的"利"依然是带有浓重"义理"观念的利，即主要的还是大利、公利，说穿了还是清王朝的"利"，是在拥戴封建私有制度下的"均利""争利"和"让利"。戊戌变法就是其最有力的确证，他们是希望拥立一位开明或者说不贪婪私利的君主，以"共同致富"的途径，实现其"大同"国家的理想。梁启超就曾明白无误地指出："中国倡民权者以先生（即指康有为）为首。然其言实施政策，则注重君权，……先生之议，谓当以君主之法，行民权之意，若夫民主制度，则期期以为不可，盖有所见，非徒感今上之恩而已。"可见，在康有为那里，民权是以君权为基础，老百姓利欲的满足应该以君主利欲的满足为前提，循序渐进。否则，"苟不审其序，而欲躐级为之，未有不颠蹶者也"。

（三）重义理而鄙功利

所谓重义理而鄙功利，是指单方面的看重义理而鄙弃功利。应该说程朱理学的这种取向是比较明显的。尽管二程也有"富，人之所欲也，苟于义可求，虽屈己可也"[①]"君子未尝不欲利"[②]和"以义而致利，斯可矣"的认识，朱熹亦主张"日用之间莫非天理""利者，人情之所欲"[③]，并发出"若是饥而欲食，渴而欲饮，则此欲亦岂能无！"及"饮食者，天理也"的感慨，且承认"人欲中自有天理"[④]。然而，当义与利、人欲与天理发生冲突时，则采取的是去利存义、抑人欲而扬天理的态度，即二程所谓"如义不可求，宁贫贱以守其志也。非乐于贫贱，义不可去也"[⑤]。则利在义面前是一个可有可无的东西，之所以如此，原因在于，二程以及朱熹都是将义与利绝对地对立起来的，程颢说："出义则入利，出利

---

① 《河南程氏经说·卷六·述雨》。

② 《程颐.河南程氏遗书（卷十七）》。

③ 朱熹.论语集注（卷二）[M].北京：商务印书馆，2015.

④ 朱熹.朱子语类（卷13）[M].台北：正中书局，1982.

⑤ 程颢，程颐.二程外书（卷六）[M].上海：上海古籍出版，1992.

则入义。"①程颐说："人之一心，天理存，则人欲亡；人欲胜，则天理灭，未有天理人欲夹杂者。"②朱熹亦说："天理存则人欲亡，人欲胜则天理灭。"三人的表述如出一辙，足见三人所持观点的一致性，也表明程朱理学义利观上的一致性。所以，当程颐提出"饿死事极小，失节事极大"的观点时，朱熹也随后提出了"革尽人欲，复尽天理"③的主张。而程朱之所以有"存天理灭人欲"的主张，与他们所持的义理逻辑是分不开的。二程以"理"为世界的最高本原，程颢提出："天者理也。"即是天是最高的准则，是万事万物的依据。程颐则以此为基础，解说道："天下物皆可以理照，有物必有则，一物须有一理。"而且"物我一理"。朱熹对此的理解是："凡有声色貌象而盈于天地之间者，皆物也。既有是物，则其所以为是物者，莫不各有当然之则而自不容已，是皆得于天之所赋，而非人之所能为也。今且以其至切而近者言之，则心之为物，实主于身，……次而及于身之所具，则有口鼻耳目四支之用；又次而及于身之所接，则有君臣父子夫妇长幼朋友之常，是皆必有当然之则而自不容已，所谓理也。"

朱熹是以"当然之则"来看待"己之所有""己之所用"和"己之所接"的，而且对于这一切，他告诉我们：第一，它们都是客观存在，即是理；第二，只要都本"自不容已"之心，亦都合于理。而"理"最终会以什么方式而存在呢？朱熹说："理则为仁义礼智。"至此，程朱对于物理的演绎或世界的认识算是有了一个圆满的句号：程朱强调其"理"是"天理"，应该是始终如一的。然而，实际上，在程朱那里是存在两个不同内涵的"理"：一个是所谓自然之"则"，一个是所谓"当然之则"。很显然，这个对应于"仁义礼智"的"当然之则"，是已经被修正了的"理"，与天理不是同一个范畴的"理"。因为，当一切不合乎"仁义礼智"的"非理"被去掉以后，作为动物怕只剩下君子了，作为理也只有"道理"（即"道心"之理）了。那么，究竟"非理"的东西要不要去掉呢？程颐的结论是："圣人千言万语，只是教人存天理、灭人欲。"朱熹是先说"学无深浅，并要辨义利"，似乎是只要能够分辨孰义孰利、孰是孰非就可以。然而，"辨义利"的目的在哪里呢？按照朱熹的说法还在"处事"，只有"分辨愈精"，才能"处事愈当"。而"当"与"不当"

---

① 程颢，程颐. 二程集 [M]. 北京：中华书局，1981.

② 朱熹. 朱子语类（卷13）[M]. 台北：正中书局，1982.

③ 黎靖德. 朱子语类（卷13）[M]. 北京：中华书局，1986.

的标准又是什么呢？根据对朱熹论述的理解，即是能够"辨义利"时，要"占取义一边"，"分不清义利时，要入向义一边去"。也就是说，无论何时何地何种情况，反正要站在义一边。而根据朱熹为学的旨意以及他与二程学理上的渊源，又很容易让人联想到二程的叮咛："言学便以道为志，言人便以圣为志。"[①]"君子之学必至圣人而后已。不至圣人而后已，皆自弃也。"[②]而"圣"和"道"都是义，即转了一圈，还是告诉你，只要义不要利。

由此可见，用一句简单的"重义理而轻功利"来评价儒家的义利观是极为不妥的。它不仅无助于我们了解和把握儒家义利观的基本脉思，对传统文化做出公正的认识和估价，而且，非常不利于我们从传统文化中吸取养分，增强自信。但，同时我们也应看到，由于自秦汉以来儒家义利观的转向，社会的价值取向实际上是重义理而轻功利，尤其是受宋明理学影响以来的儒家义利观，在抬高义理的同时，对功利的轻视到了鄙而弃的地步。

二、体道与践行：实践论层面的差异

用"体道与践行"来评价中国和西方对所走道路的选择，总体上应该是符合实际的。但在具体过程中，却也有值得细加体味的情节。

"言寡尤，行寡悔，禄在其中矣"[③]、"君子谋道不谋食。耕也，馁在其中矣；学也，禄在其中矣。君子忧道不忧贫。"[④]这应该是孔子给儒家言行立的总规矩。然而，正是这一"规矩"，却让后世儒学误入了歧途。文章在前面已经作了探析，孔子正如他自己所倡导的那样，是一个"讷于言而敏于行、言出而必逮"[⑤]的诚信君子，为了进一步明确而细致地说明这一问题，这里不妨借用顾颉刚先生《春秋时代的孔子和汉代的孔子》中的一段话来加以印证。

我们知道，孔子是一个很切实的人。他对子路说："知之为知之，不知为不知。"他所不说的有四种："怪、力、乱、神"。又说："我有知乎哉，无知也。"又说："学如不及，犹恐失之。"又说："吾尝终日不食，终夜以思，无益，不如学也。"又说："未

---

① 《河南程氏遗书·卷十八》。

② 《河南程氏遗书·卷二十五》。

③ 《论语·为政》。

④ 《论语·卫灵公》。

⑤ 《论语·里仁》中有子曰："古者言之不出，耻躬之不逮也。"

知生，焉知死。"在这种地方，都可见他是一个最诚实的学者，不说一句玄妙的话，他绝不是一个宗教家。他自己既不能轻信宗教（"敬鬼神而远之"，"祭如在，祭神如神在"）作一个宗教的信徒，又不肯自己创立一种宗教来吸收信徒。他只是自己切实地求知识，更劝人切实地求知识。但是以君子自待的孔子固然可以持这样的态度，而以圣人待他的一般人却不能如此。他们总觉得圣人是特异的人，应当什么都知道，不能说"无知"；应当多说宇宙间的神秘现象，不能说生死和鬼神之事是不愿讲的。因此，当时对于他的传说就有两方面的发展，一方面是前知，一方面是博物。《左传》上说鲁国的桓、僖庙灾，孔子在陈，闻鲁火，说道："其桓、僖乎？"《国语》上说季桓子穿井获羊，骗孔子道，吾穿井而得狗；孔子答道，以我推来，是土怪羵羊。吴伐越，获大骨，去问他，他又说这是禹致群神于会稽之山，防风氏后至，禹杀之，其骨节专车。这种话都是和《论语》上的孔子绝不相同的。推其所以致此之故，实在是当时一般人对于圣人的见解本是如此。……这还是战国时的话呢。到了汉朝，真是闹得不成样子了。我们只要把纬书翻出一看，真是笑歪了嘴。他们说，孔子母徵在游于大泽之陂，睡，梦黑帝使请己。往，梦交，语曰："汝乳必于空桑之中。"觉则若感，生丘于空桑。他们说他的头像屋宇之反，中低而四方高。身长九尺六寸，人皆称他为长人。他的胸前有"制作定，世符运"六字之文。他坐如蹲龙，立如牵羊；海口，牛唇，虎掌，龟脊，辅喉，骈齿，面如蒙倛。他们说孔子生之夜，有二苍龙自天而下，有二神女擎赤雾于空中以沐徵在。先是有五老列于庭，则五星之精。有麟吐玉书于阙里人家云："水精之子，继商、周而素王出，故苍龙绕室，五星降庭。"徵在知其为异，乃以绣绂系麟角而去。至鲁哀公十四年，鲁人鉏商田于大泽，得麟以示夫子，夫子知命之终，乃抱麟解绂而去，涕泗焉。他们说孔子作《春秋》，制《孝经》，既成，使七十二弟子向北辰罄折而立，使曾子抱《河》《洛》北向。孔子斋戒，簪缥笔，衣绛单衣，向北辰而拜，告备于天，曰："《孝经》四卷，《春秋》《河》《洛》凡八十一卷，谨已备。"天乃洪郁起白雾摩地，赤虹自上下，化为黄玉，长三尺，上有刻文。孔子跪受而读之曰："宝文出，刘季握卯金刀，在轸北，字禾子，天下服。"拿这种话和《论语》上的话一比，真要使人心痛，痛的是孔子受了委屈了，他们把一个不语怪力乱神的孔子浸入怪力乱神的酱缸里去了。……可以知道：春秋时的孔子是君子，战国时的孔子是圣人，西汉时的孔子是教主，东汉后的孔子又成了圣人，到现在又快要成君子了。孔子成为君子并不是薄待他，这是他的真相，这是他自己愿意做的。我们要崇拜的，要纪念的，是这个真相的孔子！①

我们从顾先生的文中可以清楚地知道，真实的孔子只有一个，而流传下来的孔子却有多个。也就是说，在多数时代中的孔子是被虚幻化了，是一个戴着假面具的孔子。而在"体道与践行"这个问题上，就恰恰如此。孔子是既主张体道又不忘践行的，孔子对于事功与体道的认识是吃饭与长身体的关系，吃饭只是手段，而长身体才是目的。所以，孔子的毕生几乎都在为事功而努力。子曰："三年学，不至于谷，不易得也。"②应该是孔子对于他所教和学生所学的基本认定，老师教了三年，学生也学了三年，如果最后的结果竟然是讨不到生活，那么既是学生的悲哀，更是老师的悲哀，我想孔子早该是脱掉了"儒服"和更改了"儒行"；子在陈曰："归与！归与！吾党之小子狂简，斐然成章，不知所以裁之。"③应该是孔子对于他所教和学生所学成就的自然流露，尽管口中是说"吾党之小子狂简"和"不知所以裁之"，而内中却是满心欢喜的；至于他自己的"吾其为东周"和周游列国的举动，更是其事功观念的急切表现。只是秦汉以后，由于主客观原因的存在，孔子被塑造成了满嘴"仁义道德"和"四体不勤，五谷不分"的"寄生虫"了。这些原因包括：

（1）秦汉以后，结束了春秋战国时的言论自由和学术自由状态，儒家取得了"正统"和"独尊"的地位，主观上不需要再为安身立命而寻求自己的出路和前途，客观上则是封建王朝不允许任何派别有自己的政治或理想追求；

（2）儒学成为"御用"之学以后，儒者们不得不投其所好，取其所用而弃其所不用。当然，统治阶级需要的是俯首帖耳、唯命是从的奴才。自然，把民众引向"仁义道德"和"成贤成圣"就是最好不过的出路。

（3）也含有后儒对孔学义理的误读。以"禄在其中"为例，有人将"禄"解读为"俸禄"，曰："官职俸禄就在这里面了"④；有人将其释意为"谋生之道"。再看看古人对于"禄"

① 顾颉刚．春秋时代的孔子和汉代的孔子·20世纪中国学术文存——先秦儒家研究 [M]．武汉：湖北教育出版社，2003：139-141.

② 《论语·泰伯》。

③ 《论语·公冶长》。

④ 杨伯峻．论语译注 [M]．傅定森．"禄在其中"别解 [J]．贵州教育学院学报，1985，(1)：54．

的理解，郑玄在注"子张学干禄"时云："禄，禄位也。"又云："禄，若今月奉也。"朱熹也有"禄，仕者之奉也"的注解，而关于"禄"的原始语意，孔疏[①]："禄者，谷也。"郑注："禄者，所受食。"高注[②]："禄，食。"[③]表面上看起来，这些解释是一脉相承、互为训示的。但实际上，表达着三种不同的境界：一是"求取"，即感情上的依赖与受制，则"求得官禄"是也；二是"得取"，即以其所而易之，有平等而待、"不为五斗米折腰"的主体情态，则"俸禄""禄位"等中性表达皆是；三是"取自"，虽也包含着前两种意思，但更主要的是体现在主体的自为和自在，既可以取自官，亦可以取自耕，既可以取自人，又可以取自己，取与不取、取多取少在于己，则"谋生之道"犹似。还有一种境界是此前不曾反映，但在傅定森先生文中又有所体现的，即"如取"。意即"不取而犹取""无取而胜取"。傅文在解读"耕也，馁在其中矣；学也，禄在其中矣"时，认为"耕"与"学"、"馁"与"禄"各自互文，"馁"、"禄"又为相反，二句犹言："耕（而不学）也，（虽禄而）馁在其中矣；学（而不耕）也，（虽馁而）禄在其中矣。"意即耕而不学，虽可得食，却犹如饥馁；学而不耕，虽不免饥馁，却犹如有食。尽管从结果上看是有违孔子本意的，但从过程来看，孔子确实有"磨刀不误砍柴工"的意思，要求他的学生既不要过分地看重名利，也不要太急功近利。只要打好了基础，具备了条件，自然就会"禄在其中矣"。

可见，尽管先秦儒家中"孔子言语句句是自然，孟子言语句句是事实"[④]，但由于上述原因的存在，在中国几千多年的历史中，"体道"是我们的根本特征。

三、教化与惩处：方法论层面的对立

儒学是一门关于教化的学问，它的旨趣全在诱导人们为人处事和成人成才。因此，李景林先生在对儒学与西方哲学作了精深的对照与比较之后提出，儒学是"教化的哲学"和"哲学义的教化"。作为前者，是李先生对西方关于儒学非哲学论断的回应，他认为儒学是一种哲学，但是，它在中国文化和社会生活中的地位，却与西方哲学有着根本的区

① 作者按："孔"，即唐初孔颖达。他为晋朝杜预的《春秋左传集解》所作的解释和发挥，称"孔疏"。

② 作者按：即东汉人高诱，今河北涿州人，少受学于同县卢植。建安十年（公元205年）任司空掾。

③ 《礼·王制》："王者之制禄爵。"孔疏："禄者，谷也。"郑注："禄者，所受食。"《吕览·怀宠》："皆益其禄。"高注："禄，食。"

④ 《四书集注·读论语孟子法》。

别。西方哲学是一种单纯理论形态的东西，它与社会生活没有直接的关系，因而不具有直接的教化作用。而儒学作为哲学，却与社会生活有着密切的关联性，这使它能够成为中国文化的价值基础和教化之本。儒学首要目的不在于以知识的眼光审视我们所面对的这个世界，而是立足于'教化'以成就人，并由此建立人安身立命的超越基础，并借用余英时教授的话说，在中国文化中，精英层面的大传统与民间生活小传统之间有着密切的交流互动，这使儒学得以大行其"移风易俗"的教化作用；作为后者，李先生认为，儒学的教化不是一般意义上的教化，"儒家的教化是哲学义的教化，它与宗教义的教化实不可同日而语。"他说：

> 儒学施其教化于社会生活的方式是很巧妙的。教化之行，必须切合和影响于人的社会和精神生活之样式。儒学于此，并不另起炉灶，独创一套为自身所独有的礼仪、仪轨系统。它所据以建立和安顿其教化理念的礼仪、仪轨系统为中国古代社会所固有。一方面，这种社会生活所固有的礼仪和礼乐系统，作为一种普泛的生活样式，与一般民众的人伦日用水乳交融，因而儒学所行教化于中国古代社会最具普遍性的意义。在这一点上，任何宗教形式的教化都无法与之相俦匹。另一方面，那不断经由儒学形上学诠释、点化、提升的礼仪和礼乐系统，亦具有着一种因革连续的历史变动性和对其他宗教生活样式的开放和包容性。这与一般宗教仪式、仪轨系统所特有的固定性和排他的性质，亦有根本性的区别。

这里，李先生对儒学教化的形式、范畴、地位及作用做了明确的交代，使我们对儒学的教化功能和能力有了清晰的认识。按照罗蒂的说法，是人文主义的"教化"传统而不是自然科学的方法论传统为精神科学之所以为科学提供了合法性基础。也就是说，精神力量的来源和动力在于"教化"。如果稍加整理，对于儒学的教化功能，我们可以作如下几个方面的理解。

（一）儒学的教化立足于日用伦常

儒学教化的一个重要特点就是非常贴近生活，与人们的生活息息相关，仅就《礼记》一书而言，从《曲礼》而至《丧服四制》共计四十九篇，教化的内容从饮食、衣着到居处、躬行，涉及生活的方方面面。

以《曲礼》为例，其上、下篇以繁文详节教人以言语、饮食、洒扫、应对、进退之法。"夫为人子者，出必告，反必面，所游必有常，所习必有业""凡与客人者，每门让于客"及"食肉不至变味，饮酒不至变貌"等等，是告诉年轻人日常生活中要学会尊重父母、尊重他人，饮食要注意卫生和节制，对我们今天青少年的健康成长有积极的作用。《月令》按照一年十二个月的不同气候及天象特征，为人们提供生产、居处及行事参考，如"仲春之月，日在奎，昏弧中，旦建星中。……是月也，耕者少舍，乃修阖扇，寝庙毕备。毋作大事，以妨农之事。是月也，毋竭川泽，毋漉陂池，毋焚山林"。是说仲春二月，太阳运行于奎星的位置；黄昏时，弧星位于南天的正中；拂晓，建星位于南天的正中。……这个月，从事农耕者有短期间歇，要抓紧整修一下门户，把居室和祖庙彻底修缮。不要兴兵和摊派大规模的劳役，以免妨碍农事。这个月，不要将河泽中的水放完，不要让蓄水池干渴，焚烧山林。其中，不仅介绍了许多通过长期积累而形成的天文知识，而且还介绍了重要的生产和生物常识。之所以不要人们将水放完和焚烧山林，是因为这个季节是水生动物繁殖和土生植物萌芽的时节，放水和烧山损害了动植物的生长繁殖，破坏了自然规律。无疑，懂得月令也就掌握了自然规律，就能为生产和生活带来很多益处。当然，其中也不乏有封建保守和迷信的东西，但这些内容都是古人长期生产和生活实践的总结，为人们世世代代的生产和生活提供了典范和依据，相当多的内容即使在今天也还有积极意义。如《内则》关于"凡食齐视春时，羹齐视夏时，酱齐视秋时，饮齐视冬时。凡和，春多酸，夏多苦，秋多辛，冬多咸，调以滑甘"[①]的健康饮食常识、《学记》"大德不官，大道不器，大信不约，大时不齐"[②]的思想，以及《中庸》关于"中道"的思想和《大学》关于修身、齐家、治国、平天下的思想等等，都有一定的借鉴作用。

---

① 是说调剂食品的温度要根据食品的性质来决定，饭食宜温，羹汤宜热，酱类宜凉，饮料宜寒。调味时，春天多用酸味，夏天多用苦味，秋天多用辣味，冬天多用咸味。但四季都要加入滑脆甘甜的食物进行调配。《黄帝内经》告诫人们要"谨和五味"，五味即酸、甜、苦、辣、咸，《抱朴子》说："酸多则伤脾，苦多则伤肺，辛多则伤肝，咸多则伤心，甘多则伤肾"。现代医学也认为五味不可偏食。食之过酸，会破坏体内的酸碱平衡，特别是老年人的血液，需维持微碱性，才能肠胃清洁，大便通畅，减少粪便的毒物吸收，如血液变为酸性时，则可能引起酸中毒；食之过咸，势必口渴大饮，加重心脏负担，使心肾功能早衰，并会引起血管硬化，诱发高血压等疾病；食之过辛（辣），助火散气，特别是体质虚弱的老人更容易在胃肠内积热，导致生痔和牙龈出血、牙齿松动；食之过苦，损伤脾胃，食欲减退；食之过甘（甜），使身体发胖胆固醇增高，易患冠心病、高血压。

② 意思是：具有伟大德行的人圣人，并不专门担任某一种官职；作为宇宙万物的大道，并不局限于一种事物；最大的诚信不需要订立盟约；天之四时虽不相同，却运转不停，是最准确的守时。

（二）儒学的教化着眼于人格塑造

儒学教化的内容和作用主要不在于知识的传授与推广，这是儒学与西方哲学的根本区别。教化的目的与任务，正如德国哲学诠释家加达默尔所指出的："人类教化的一般本质就是使自身成为一个普遍的精神存在。谁沉湎于个别性，谁就未受到教化。"因此，儒学作为"教化的哲学"，是把人格的塑造作为自己的历史使命的。翻开儒家的经典，关于"君子圣贤"的倡导与安排充斥了全文。孔子说："人有五仪，有庸人、有士人、有君子、有贤人、有圣人。"①按照孔子的交代，这五种人生都在儒家的理想范畴，然而，君子人格却是儒家理想人格中居于核心地位的人格理想。之所以如此，原因在于：其一，"君子"概念有泛称的意谓。即班固《白虎通义·号》所云："或称君子何？道德之称也。"是指有道德修养的人；其二，君子人格居于庸人、士人和贤人、圣人之间，对于社会大众而言，既不显低下媚俗，又不觉高不可攀，而且很合乎孔子"中庸"的本意。所以，《论语》开门见山地提出："学而时习之，不亦说乎？有朋自远方来，不亦乐乎？人不知而不愠，不亦君子乎？"②并就此阐明："君子务本，本立而道生。"③应该说，《论语》的通篇都是以君子为基调而展开的。关于君子人格的塑造，孔子认为：

第一，君子"义以为质""义以为上"。这是君子与其他人格的分水岭。尽管《论语》中提到君子的地方有不少（有人统计达 107 处之多），但或者是对君子人格的分述，或者就是就事论事，真正具有语意诠解意义的界定莫过于"质胜文则野，文胜质则史。文质彬彬，然后君子"④的说法，至于什么是质？孔子曰："君子义以为质"⑤，而义在君子人格中居于什么样的地位？孔子又说："君子义以为上"⑥。这样一个类似于"三段论"的推论，将君子人格的本质透析得清清楚楚：所谓"君子"，即是指合于道义的内在本质与外在表

---

① 《孔子家语·五仪解》。

② 《论语·学而》。

③ 《论语·学而》。

④ 何谓"君子"，孔子曰："所谓君子者，言必忠信而心不怨，怨咎仁义在身而色无伐，无伐善之色也思虑通明而辞不专；笃行信道，自强不息，油然若将可越而终不可及者；此则君子也。"（《孔子家语·五仪解》）这是从现象上对君子的把握。

⑤ 《论语·卫灵公》。

⑥ 《论语·阳货》。

现相一致的存在主体。尽管是"文质彬彬",但总体上说是强调"以质引文",正因为人的外在表现不断地要求与人的内在本质相一致,因而,人也就不断地得到提升。由于君子人格的这一本质定位,因此,"君子喻于义,小人喻于利。"① 君子"见利思义"②,"君子谋道不谋食""君子忧道不忧贫"③。

第二,君子务本。在孔子看来,尽管"君子不器",但君子绝对不应该是有名无实、"无所取材"的"斗筲之人"。相反,君子应该具备常人无可比拟的优越条件。所以,君子要"务本"。君子所务之本是什么呢?孔子说:"孝弟也者,其为仁之本与!"④ 于是,很多人强调,孔子所谓君子之本是指"孝悌"或者"仁"。这当然也没错,但只是看到了问题的一方面;孔子所谓君子之本,一是指"根本",二是指"本分"。作为"根本"来说,就是指无可动摇的核心,即现在的指导思想。道或者贯穿于道的仁,以及以仁为主旨的孝悌,无疑是君子努力的方向。然而,这只是我们的总纲,作为具体内容来说,还是要落实到君子的一言一行,即本职要求当中,故"君子务本"还有"本分"的意谓,即是指在总纲的指导下规范自己的日常言行。由于不同的人有着不同的"本分",因而,在同一指导思想下"务"着不同的"本"。所以:

子贡问君子。子曰:"先行其言,而后从之。"⑤

司马牛问君子。子曰:"君子不忧不惧。"⑥

子路问君子。子曰:"修己以敬。"⑦

之所以不同的人对君子的内涵有不同的见解,原因在于他们有着各自不同的"本分"。对于以"言语"擅长的子贡而言,说几句漂亮话是轻而易举的事情,关键在于"言行一致",所以,子贡要合于君子的根本在于说到做到,故孔子要他"先行其言,而后从之";而司

---

① 《论语·里仁》。

② 《论语·宪问》。

③ 《论语·卫灵公》。

④ 《论语·学而》。

⑤ 《论语·为政》。

⑥ 《论语·颜渊》。

⑦ 《论语·宪问》。

马牛据说是宋国大夫桓魋(tuí)的弟弟。桓魋在宋国犯上作乱，遭到宋国当权者的打击，全家被迫出逃。司马牛逃到鲁国，拜孔子为师，但内心一直以他有这样一个"大逆不道"的哥哥而惭愧，也担心人们将他和他哥哥的行为联系起来。所以，孔子告诉他，作为一个君子要敢于面对现实，只要问心无愧就无忧无惧；而对于子路来说，勇猛而粗犷，因而，孔子认为子路的君子之路首先在于提高自己的修养，学会尊敬他人。也正因如此，孔子在评价子产时说：

> 有君子之道四焉：其行己也恭，其事上也敬，其养民也惠，其使民也义。[①]

意思是说，子产在他的本职岗位上做了四个方面的事情，而这四个方面的事情都是合乎君子之道或者说是使子产之所以具有君子人格的根本原因。

第三，君子自强不息。"天行健，君子以自强不息"[②]，这应该是儒家君子人格的一大亮点。从孔子立儒开始，君子就被赋予社会主干和栋梁的职责，所以，子曰："君子之于天下也，无适也，无莫也，义之与比。"[③]意思是说君子之于天下的人和事，没有远近亲疏，一切按照道义去落实，即是把君子推到了大众表率和统领的地位，从而赋予了君子崇高的荣誉和使命。因此，君子要不负众望和不辱使命，唯有"发愤忘食，乐以忘忧"[④]"食无求饱，居无求安，敏于事而慎于言"[⑤]，而且告诉一切有志于君子追求的人们，"天将降大任于是人也，必先苦其心志，劳其筋骨，饿其体肤，空乏其身，行拂乱其所为，所以动心忍性，曾益其所不能"[⑥]。所以，作为君子或者君子人格的追求者，要有"知其不可而为之"[⑦]的勇气和精神，以及"人一能之，己百之。人十能之，己千之"[⑧]的态度和决心，孔子作为倡导者和先行者，就明确表示："朝闻道，夕死可矣。"[⑨]无疑是儒统生动而具体的榜样。

---

① 《论语·公冶长》。

② 《周易大传》。

③ 《论语·里仁》。

④ 《论语·述而》。

⑤ 《论语·学而》。

⑥ 《孟子·告子下》。

⑦ 《论语·宪问》。

⑧ 《中庸（第二十章）》。

⑨ 《论语·里仁》。

第四，君子诚实守信。诚实守信是儒家君子人格的又一重要特征。儒家从"与国人交，止于信"①的基本立场出发，提出"主忠信"的主张，认为"信近于义"②"主忠信，徙义，崇德也"。③即是说信与义的距离不大，对忠信的提倡就是对德的张扬，并由此将信列为"仁"的五大细目之一，曰："能行五者于天下，为仁矣。"而所谓"五者"即指"恭、宽、信、敏、惠"，而"信则人任焉"④，可见信在其中起着承前启后的作用，它是仁人志士满怀抱负得以实现的关键。因为，只有忠信才能获得人们的信任。

子曰："人而无信，不知其可也。大车无輗，小车无軏，其何以行之哉？"⑤

子曰："狂而不直，侗而不愿，悾悾而不信，吾不知之矣。"⑥

"信"在人生中的作用与地位已不言而喻。所以，当子贡向孔子问政时，孔子回答："足食。足兵。民信之矣。"⑦当子贡问："必不得已而去，于斯三者何先？"孔子说："去兵。"当子贡进一步问："必不得已而去，于斯二者何先？"孔子说："去食。自古皆有死，民无信不立。"当子张问行的时候，孔子也告诉他：

言忠信，行笃敬，虽蛮貊之邦行矣；言不忠信，行不笃敬，虽州里行乎哉？立，则见其参于前也；在舆，则见其倚于衡也。夫然后行。⑧

"子张书诸绅"，看样子子张是把孔子的话听进去了，曾子、子夏同样也听进去了。

曾子曰："吾日三省吾身：为人谋而不忠乎？与朋友交而不信乎？传不习乎？"

子夏曰："贤贤易色，事父母能竭其力，事君能致其身，与朋友交言而有信。虽曰未学，吾必谓之学矣。"⑨

无疑也为后儒对忠信的传承起到了很好的示范作用。

---

① 《大学（第三章）》。

② 《论语·学而》。

③ 《论语·颜渊》。

④ 《论语·阳货》。

⑤ 《论语·为政》。

⑥ 《论语·泰伯》。

⑦ 《论语·颜渊》。

⑧ 《论语·卫灵公》。

⑨ 《论语·学而》。

此外，内省、自律、忠恕、和同等都是儒家君子人格的内容，由于篇幅所限不一一赘述。

（三）儒学教化的原则是先教而后用

如果说"教化"是儒家哲学的功能和作用，那么，"教而后用"则是儒家"教化哲学"的立场和根本。孔子是从正反两方面来论述他的教化的必要性的。他说：

以不教民战，是谓弃之。（《论语·子路》）

不教而杀谓之虐。（《论语·尧曰》）

这是从反面来强化"教"是统治阶级的基本义务，认为不教给老百姓必要的手段却驱使他们上战场，这就是有意识地要抛弃他们；同样，先不教育等他们犯了罪以后再杀掉他们，这就是一种暴虐行径。这两种行为，除了反映统治阶级的工作方法简单粗暴、水平低下外，更重要的是揭示出统治阶级心理、人格的不健全。从而把老百姓的"不智"和"不能"归结到统治阶级身上，表明儒家从一开始就树立起崇高的社会道德意识和责任担当意识，这与儒学成为正统乃至越来越成为全球的普世伦理不无关系。从正面，孔子以"政"为例，说："为政以德，譬如北辰，居其所而众星共之。"[1] 又以"民"为例说："道之以政，齐之以刑，民免而无耻；道之以德，齐之以礼，有耻且格。"[2] 还以人口及其物质文化生活为例，说人口多了就要想法让人民富裕起来，人民富裕起来后就要想法让人民受教育。[3] 正因为孔子看到了教育的作用以及物质与文化的逻辑关系，所以他才能成为中国历史上开馆授徒的第一人。而孔子"有教无类"[4] 的授徒原则以及"学而不厌，诲人不倦"[5] 的授徒精神，又开了中国教育的良好风气。

与儒家的教化以及"先教后用"的哲学观不同，西方哲学尤其是人本主义哲学，不重教化而重启智。教化与启智的区别在于，"教化"是一种情感培养，也即现代之所谓"情商"的开发；而"启智"主要在于智力开发和知识培养，即现代所谓"智商"的开发。西方从古希腊哲学起源时的这样一种"物质性问题追问"的思维取向，就决定了他们自然哲

---

① 《论语·学而》。

② 《论语·学而》。

③ 《论语·子路》中有：子适卫，冉有仆。子曰："庶矣哉！"冉有曰："既庶矣。又何加焉？"曰："富之。"曰："既富矣，又何加焉？"曰："教之。"

④ 《论语·卫灵公》。

⑤ 《论语·述而》。

学的历史归宿。也就是说，他们更关注的是自然的问题，以及用解决自然问题的方式和手段。他们眼里不是没有人，但在"自由、平等、公正"的观念下，人已经成为没有感情的"机器人"，一切都按照程序和规定处理；他们解决人的思维问题，不是从人的情感动机出发，而是从大脑机能和工作原理出发，"把思维编入技术的程序"①，弗洛姆为此将资本主义社会称之为"一个致力于最大规模的物质生产和消费的，由计算机所控制的完全机械化的新社会"。②总之，西方是深入到人的每一个细胞，来发现它的机理与功能。西方教化的任务是由宗教来承担的。然而，宗教的教化与儒家的教化有着从主旨到手段、到结论的完全不同。儒家教化的主旨是要人"知物穷理"，而宗教教化的主旨则是要人完全归附到神的笼罩下，听神的愚弄和摆布；儒家教化的手段是"教"，通过兴办私学或公设学堂，教之以"文、行、忠、信"③和礼、乐、射、御、书、数等内容，如果"举善而教不能，则劝"④，"劝"后达不到效果则还有"反身而诚"⑤，而宗教教化的手段则是"礼拜"，"礼拜"的原意是教徒们对教堂的圣物以及传教士传达的"神的启示""顶礼膜拜"，然后是信徒们的"忏悔"。显然，宗教教化之"教"所起的作用实则是"劝"和"训"，而"化"则只能是"化解而为一"，与儒家"化育而孕新"的追求有着天壤之别。

---

① 陈学明. 西方人士眼中的当代资本主义制度（上）[J]. 思想理论教育导刊, 2007, (7):29.

② 高亮华. 希望的革命——弗洛姆论技术的人道化 [J]. 自然辩证法研究, 1997, (2).

③ 《论语·述而》。

④ 《论语·为政》。

⑤ 《孟子·尽心上》。

第四章　儒家人本管理思想的落实与流变

从根源上看，儒家人本思想的立足在于"民本"，所要解决的是"民"之生存与发展的问题。这些问题，在手段上看是工具性的，在过程中看是实践性的，而在结果上看又应该是物质性的，完全属于"形而下"的范畴。而起始于古希腊人文主义思想家的西方人本所要解决的是"人"之存在及其意义的问题，是人相对于神及自然、宇宙的问题，这些问题既抽象又遥远，显而易见属于"形而上"的范畴。但非常巧合的是，两者采取的是恰恰相反的运行方式。儒家民本现象上的"形而下"目的是通过本质上的"形而上"要求来达到的，具体则是通过仁、义、礼、智、信等道德规范来实现的。而西方人本现象上的"形而上"目的则是通过本质上的"形而下"手段来完成的，具体则是通过科学、实证等手段来完成的。这也就是为什么西方人本从"形而上"的起点出发，达到的却是"形而下"的目的，而儒家民本从"形而下"的起点出发，收到的却是"形而上"的效果，以及西方人本最终担负不起它沉重的"形而上"责任，而必须要由儒家义理来扶持的根本原因。

一、先秦儒家人本主张与社会理想

尽管前面我们已经论证，在儒家人本思想的发展过程中，"没有显著的层次差异和阶段进展"（第二章"儒家人本与儒家民本甄别"）。然而，作为认识逻辑，先秦儒家与秦汉后儒之间却存在明显差异。这种差异主要体现在：

1. 先秦儒家对人的设定具有多元性

"眼里有没有人"是人本思想家或人本思想的试金石。我们通常会看到，一些组织或个人打着人本主义的旗号，张扬他们如何关注人的动机与需求，如何重视人的能力与专长，以及如何为人（主要是其员工）的付出与贡献承担责任与使命，等等。表面上，他们非常关注人、尊重人、支持人，但，剥去层层外衣之后会发现，这些人其实是打着人本主义的幌子，在干利己主义的勾当。他们眼里的人，都必须是对自己、对组织利益有好处的人，即"有用"的人。用处不大尤其是没有任何用处的人，不仅得不到他们基于人本道义或精神追求的关爱与尊重，甚至连作为人的起码的同情与怜悯都没有。

但，这一点在先秦儒家眼里，却体现得比较质朴与纯真。在先秦儒家看来，人是具体的、复杂的和多元的，"人的本性就是追求舒适的生活，作为老百姓见利而为是正常的，人们对美好生活的追求是社会不断发展的动力。"① 因此，尽管先秦儒家一再推崇和颂扬君子、圣贤人格，但依然肯定"小人"人格的存在及其合理性。后儒范阮攸对孔子关于"唯女子与小人为难养也，近之则不逊，远之则怨"② 一语有深刻地诠释，他说："幽阴之气，不可无于天地间，女子小人之类亦不可无于人间。天地不能不养阴，人亦不能不养女子与小人也。惟知其为难，于不近不远求其中，使不孙与怨无由而生，夫然则善养，不见其难。"③ 告诉人们：天地既有阳刚之气，亦有幽阴之气，不仅有其必要性，亦有其合理性，无阴便无阳，阴阳互补互济、互渗互存，所以天地不能不养阴，人间亦不能无女子小人，也不能不养女子小人，女子与小人不仅有其存在的必要性和合理性。也有其养的必要性和合理性。正如同《周易·系辞传下》所谓"天地氤氲，万物化醇。男女构精，万物化生"一样，光有男人没有女人，或光有女人没有男人，自然宇宙都无法得到繁衍生息。而且，先秦儒家的"小人"是和"君子"相对应的。有：

君子周而不比，小人比而不周。④

君子喻于义，小人喻于利。⑤

君子坦荡荡，小人长戚戚。⑥

---

① 陈平. 悦读论语·第4卷·正人需正己 [M]. 北京：中央广播电视大学出版社,2013:141.

② 《论语·阳货》。

③ 复印报刊资料 [J]. 中国哲学,2008,(12):96.

④ 《论语·为》。

⑤ 《论语·里仁》。

⑥ 《论语·述而》。

君子成人之美。不成人之恶，小人反是。①

君子求诸己，小人求诸人。②

君子不可小知而可大受也，小人不可大受而可小知也。③

即使是有"通天地人之谓""有六艺以教民"④的"儒"，也有"小人儒""君子儒"之分。

因此，在儒家看来，人是多元的，是合理的，不能满天下全是君子。而"小人"作为社会的一部分，不仅一直存在着，而且始终占据着社会的大多数——在孔子眼中，人大多亦只是小人而已。这也正是儒家倡导君子、推崇君子的根本原因和积极意义。在肯定这一存在的前提下，先秦儒家对人的多元性特征进行了明确划分。最为典型的莫过于孔子的"五仪"之说。

孔子曰："人有五仪，有庸人、有士人、有君子、有贤人、有圣人。""所谓庸人者，心不存慎终之规，口不吐训格之言，格法不择贤以托其身，不力行以自定；见小暗大，而不知所务，从物如流，不知其所执；此则庸人也。""所谓士人者，心有所定，计有所守，虽不能尽道术之本，必有率也；率犹行也虽不能备百善之美，必有处也。是故知不务多，必审其所知；言不务多，必审其所谓；所务者谓言之要也行不务多，必审其所由。智既知之，言既道之，得其要也行既由之，则若性命之形骸之不可易也。富贵不足以益，贫贱不足以损；此则士人也""所谓君子者，言必忠信而心不怨，怨答仁义在身而色无伐，无伐善之色也思虑通明而辞不专；笃行信道，自强不息，油然若将可越而终不可及者；此则君子也。""所谓贤人者，德不踰闲，闲法行中规绳，言足以法于天下，而不伤于身，言满天下无口过也道足以化于百姓，而不伤于本；本亦身富则天下无宛财，宛积也古字亦或作此故或误不着草矣施则天下不病贫；此则贤者也。""所谓圣者，德合于天地，变通无方，穷万事之终始，协庶品之自然，敷其大道而遂成情性；明并日月，化行若神，下民不知其

----

① 《论语·颜渊》。

② 《论语·卫灵公》。

③ 《论语·卫灵公》。

④ 张永路．先秦儒家生活哲学研究［M］．天津：天津社会科学院出版社，2015:17.

德，睹者不识其邻；此谓圣人也。"①

在这里，孔子不仅看到了人的多元性存在的客观性，而且对其作了全面、深入和独到地理解与刻画。

与此相联系，孟子也提出："无君子莫治野人，无野人莫养君子。"②即明白无误地告诉统治者，没有品格高尚、能力卓越的人就无法统治广大民众，而没有广大民众就无法供养品格高尚、能力卓越的人，他们是相辅相成、互为依存的关系。而荀子则从人的本质属性上指出："材性知能，君子小人一也；好荣恶辱，好利恶害，是君子、小人之所同也；若其所以求之之道，则异矣。"③就是说，从根源上看，君子与小人在资质、本性、智力、能力等方面是一样的；喜好荣誉而厌恶耻辱，喜好利益而厌恶灾祸，也是君子和小人所相同的；造成他们之间差异的，是获取这些东西的途径、手段和方法的不同而已。因而，统治者应该以"民之所好好之；民之所恶恶之。"④并"因民之所利而利之"⑤，一切以人民利益为关切、为重心、为落脚点，从而在根本上落实"以人为本"的理想追求。

2. 先秦儒家关注的是具体的人

先秦儒家不仅肯定人的多元性，而且其各种不同类型的人，都有其鲜活、具体的特征和需求，更为重要的是，先秦儒家的关注力是向下的，即越是"低下的人"，其关注和体现得越具体、越鲜活，越受到重视和体恤。

我们以先秦著述中出现频次较高的"两种人"——"君子"和"民"为例。"君子"一词在《论语》中出现109次，在《尚书》中出现7次，在《周易》中出现53次，在《诗经》中出现180次，在《孟子》中出现82次，在《大学》中出现15次，在《中庸》中出现34次，在《易传》中出现84次，在《荀子》中出现了304次。⑥可见，"君子"是先秦理想中比

---

① 《孔子家语·五仪解》。

② 《孟子·滕文公上》。

③ 《荀子·荣辱》。

④ 《大学（第十章）》。

⑤ 《论语·尧曰》。

⑥ 中国文联理论研究室，中国文艺评论家协会，中国文联文艺评论中心. 文艺评论文选（2014年度）[M]. 北京：当代中国出版社，2015:219.

较推崇的人格。孔子为此从多个角度对"君子"进行了定位：首先，从道德层面来说，君子属于高尚之人。因此，要求"君子怀德"①"君子喻于义"②"君子义以为质"③"君子义以为上"④；其次，从神情层面来说，君子应是淡定无惧之人。因此，有"君子不忧不惧"⑤"君子泰而不骄"⑥之说；再次，从才学层面来说，君子应是博学多才之人。即所谓"君子博学于文"⑦、"文质彬彬，然后君子"⑧、君子"志于道，据于德，依于仁，游于艺"⑨；第四，从意志品质来说，君子应该是操行完美之人。具体来说，就是要具备"五美"，即"君子惠而不费，劳而不怨，欲而不贪，泰而不骄，威而不猛"。⑩；第五，从仪态仪表来看，君子应该是端庄威严之人。即所谓君子"温而厉，威而不猛，恭而安"⑪；第六，从言行举止来看，君子应是谨言慎行之人。即所谓君子"敏于事而慎于言"⑫"耻其言而过其行"⑬；第七，从精神追求来看，君子应是心怀天下、砥砺奋进之人。即所谓"君子求诸己"⑭君子"修己以敬""修己以安人""修己以安百姓"⑮，以及"君子不器"⑯"君子和而不同"⑰"君

---

①　《论语·里仁》。

②　《论语·里仁》。

③　《论语·卫灵公》。

④　《论语·阳货》。

⑤　《论语·颜渊》。

⑥　《论语．子路》。

⑦　《论语·雍也》。

⑧　《论语·雍也》。

⑨　《论语．述而》。

⑩　《论语·尧曰》。

⑪　《论语．述而》。

⑫　《论语·学而》。

⑬　《论语·宪问》。

⑭　《论语·卫灵公》。

⑮　《论语·宪问》。

⑯　《论语·为政》。

⑰　《论语·子路》。

子矜而不争，群而不党"①等多方面的特质与要求。

如果说君子人格是先秦时期的理想人格，是社会树立的榜样和倡导的追求，而理所当然地受到社会的关注、重视和欣赏的话。那么，"民"就是当时社会的底层，是不为统治阶级所称道甚或是受到统治阶级鄙视的社会群体，有人甚至认为当时的"民"就是"小人"的代名词。但在先秦典籍中，"民"受到的关注与重视丝毫不逊于"君子"。据有关资料显示，"民"字在《诗经》中出现98次，在《尚书》中出现276次，在《论语》中出现39次（笔者注：此处可能是笔误，实际是49次），在《左传》中出现近400次，在《孟子》中出现200余次，其"曝光率"丝毫不逊于"君子"。而与"君子"不同的是，在先秦儒家那里，对于"民"的理解与关注，不是像"君子"那样从"要求"和"倡导"的角度来苛责，而是从尊重、关怀与体恤等层面来回馈。所以，我们从先秦经典中很少看到儒师、儒圣包括先哲、先贤们要求做"民"的"应该怎么样""必须怎么样"。相反，在指出"民"之不足的同时，更多的是告诫统治者"已经做得怎么样""应该对民怎么样"。正如《系辞》所列举的："古者包牺氏之王天下也……作结绳而为网罟，以佃以渔……包牺氏没，神农氏作，斫木为耜，揉木为耒，耒耨之利，以教天下……神农氏没，黄帝、尧、舜氏作，通其变，使民不倦，神而化之，使民宜之。"②又如《礼记》所宣扬的："昔者明主之治民有法。必别地以州之，分属而治之。然后贤民无所隐，暴民无所伏；使有司日省如时考之，岁诱贤焉。则贤者亲，不肖者惧；使之哀鳏寡，养孤独，恤贫穷，诱孝悌，选贤举能。此比者修，则四海之内无刑民矣。上之亲下也如腹心，则下之亲上也如保子之见慈母也。上下之相亲如此，然后令则从、施则行。因民既迩者说，远者来怀。"③等等。总括起来，先秦儒家对"民"的尊重、关怀与体恤，主要体现在如下几个方面：

（1）贵民

"贵民"思想是先秦儒家民本思想的重要内容，也是儒家民本向人本渗透的重要标志。之所以如此，关键在于：先秦儒家在提出"贵民"思想时，所依据的思想逻辑并不是"民贵"主张，也就是说，先秦儒家尊重人民、尊重最底层的老百姓，并不是因为老百姓对他

---

① 《论语·卫灵公》。

② 《易·系辞下传》。

③ 《大戴礼记·主言》。

们存在利害关系，威胁到他们的生存与统治。如果是这样，则"贵民"思想不过是动员统治阶级拿情感付出换生存安全的功利思想罢了。恰恰相反的是，在《论语》所有对"民"的关注中，没有任何涉及"民贵"而"贵民"或"重民""惠民"等内容，这应该是先秦儒家思想中最为宝贵、最为闪光的地方。换言之，先秦儒家对老百姓的尊重，完全是出于道德的"使然"和对"客观本体"的尊重，已经脱离了人本理念中基于工具性思虑的"力本"考虑，进到了基于道德属性所衍生的"义本"追求及基于本体论开化所感悟的"道本"探索。只是"道本"的内涵不够充分。关于这一思想，非常值得我们深思和探究。因为，在儒家立说前，因"民贵"而"贵民"的思想就已经存在。如《左传》："夫民，神之主也，是以圣王先成民而后致力于神"[1]、"国将兴，听于民；将亡，听于神。"[2]尽管《左传》的成书时间在《论语》之后，但《左传》中该两条资料所记载的时间分别是桓公六年（即公元前706年）、庄公三十二年（即公元前662年）的事，比《论语》早了两个世纪以上。而往上追溯，夏、商、周乃至尧、舜、禹，都有类似表达，而秦汉以后，因"民贵"而"贵民"的思想已经成为劝导统治阶级布德行仁的基本逻辑。

（2）重民

"重民"观是儒家民本的另一个重要内容。一般而言，人们是将儒家的"重民"与"贵民"等同视之。但，经过仔细研究发现，儒家的"重民"与"贵民"思想既存在相通的一面，又存在不同的一面。相通的一面在于，儒家的"重民"思想也含有"德性"追求，即对老百姓的尊重与关爱，是作为君子尤其是君主的理想追求和修养体现。如孔子的学生仲弓在向孔子请教"仁"的问题时，孔子的答案之一就是"出门如见大宾，使民如承大祭"[3]，即出门办事要如同去见重要的客人一样端庄、真诚，役使老百姓要像进行重大的祭祀活动一样严肃、认真；又如孔子的另一个学生樊迟在向孔子讨教"知"的问题时，孔子的答案是"务民之义，敬鬼神而远之，可谓知矣"。[4]即告诉他，如果把主要精力放在致力于对老百姓的关怀，敬重神灵而又远离神灵，可以说就是智慧了；等等。在这些思想中可以显

---

① 《左传·桓公六年》。

② 《左传·庄公三十二年》。

③ 《论语·颜渊》。

④ 《论语·雍也》。

而易见地体会到，儒家特别是孔子在认识和落实对老百姓的尊重、关爱之情，不带有丝毫利益之间的交换，是一种纯粹的道德追求，与"贵民"思想是相通的。不同的一面在于，儒家的"贵民"思想含有地位等级上的"客观性"，即不容置疑（或不以人的意志为转移）的客观属性，如"民为贵，社稷次之，君为轻"①，以无可争辩的逻辑"规定"为："民"是最高层次、最受尊重的主体。而"重民"思想中则没有强调老百姓应该受到最高的尊重与关怀，此其一；其二是"贵"字的本意，《玉篇》②《广雅》③《广韵》④的解释都是"尊也"，《孟子》进一步引申为"用下敬上，谓之贵贵"⑤，而倡导"民贵君轻"的也是孟子。可见，先秦儒家的"贵民"思想中，其基本的格位是老百姓在上，统治者在下，是统治者尊重、敬畏之情的自然表达。而"重民"思想中，尊敬的意味要少，而重视的意味要多。从格位上来说，是上对下的尊重与关怀，是统治者道德自觉或外在追求的表现；其三是在对老百姓的尊重与关怀中，基本上都带有功利性目标或需求。如在孔子为政的三要素中，尽管强调"民信"是"足食""足兵"的最后保障，但其前提依然是"民无信不立"⑥，即老百姓如果不支持、不信任政府，那么，统治者的统治就不可能延续。反过来说，就是如果政府不通过重民、爱民等措施取信于民，政府的统治就会存在危机。因此，统治阶级重视、关怀老百姓的目的，依然是为了维护其统治。又如儒家主张"君子信而后劳其民"⑦，即要求君子只有在取得老百姓信任的基础上才能驱使老百姓劳作，否则，老百姓就会认为是虐待他们。这里表面上没有附加什么条件，但，潜在的意思非常明显，即如果惹得老百姓不高兴，后果肯定很严重。所以，要求统治者取信于民的目的，还在于使统治者的统治能够长治久安。

---

① 《孟子·尽心下》。

② 黄永恒，石建军. 说人解字·汉字里的人生运势 [M]. 海口：海南大学出版社，2015:169.

③ 程潮，张金兰. 中国古代民生思想研究 [M]. 北京：社会科学文献出版社，2013:39.

④ 陈广忠. 淮南文集 [M]. 北京：中国文史出版社，2014:508.

⑤ 《孟子·万章下》。

⑥ 《论语·颜渊》。

⑦ 《论语·子张》。

（3）爱民

爱民思想是先秦儒家最为深厚、最为根本，也最有价值的思想，它体现在儒家思想的方方面面。尽管先秦儒家爱民思想的落脚点还在于统治阶级的长治久安，还停留在功利性思考与落实，但先秦儒家是从骨子里来认识和落实爱民问题的，把爱民问题作为几乎一切问题的前提和根本。儒家谈"仁"，曰："仁者爱人"；儒家谈"政"，曰"政在养民"；儒家谈"知"，曰"务民之义，敬鬼神而远之，可谓知矣"①。可以说，儒家思想的主体内容都与老百姓相关，甚至就是围绕老百姓的利益而展开的。至于爱民的具体内容，体现在"省刑罚""薄税敛""重教化""谨信义""恭行己""举直错""保农时""反苛政""因民利""赐富足"等各个方面。是历朝历代政治清明、经济繁荣、社会安定的法宝。

（4）惠民

与爱民思想相联系，先秦儒家一个重要的思想主张就是"惠民"，即给老百姓以实际的利益和真正的好处。先秦儒家的"惠民"主张有很多，但总括起来，有这样几个方面：其一是提出惠民的准则。主张"兼足天下"②"上下俱富"③"以政裕民"④。其二是强调惠民的作用。提出："百姓足，君孰与不足；百姓不足，君孰与足？"⑤，认为"下贫则上贫，下富则上富"⑥，将惠民的好处与统治阶级的利益直接挂钩。其三是弘扬惠民行为。提出："管仲相桓公，霸诸侯，一匡天下，民到于今受其赐。微管仲，吾其被发左衽矣。"⑦在评价子产时，也对"其养民也惠，其使民也义"⑧的行为大加赞赏。其四是提出惠民措施。儒

---

① 《论语·雍也》。

② 《荀子·富国》。

③ 《荀子·王制》。

④ 《荀子·富国》。

⑤ 《论语·颜渊》。

⑥ 《荀子·富国》。

⑦ 《论语·宪问》。

⑧ 《论语·公冶长》。

家的惠民措施有很多，如"因民之所利而利之"[1]、"博施于民而能济众"[2]"使民以时"[3]"不违农时"[4]"制民之产"等。其五是树立惠民的理想追求。将"惠"作为"仁"的五种品格之一，指出，"恭、宽、信、敏、惠。恭则不侮，宽则得众，信则人任焉，敏则有功，惠则足以使人""能行五者于天下为仁矣"。[5]孔子的学生冉有就明确以"比及三年，可使足民"[6]作为他的人生理想。

此外，"保民""教民""富民"等主张也都体现了先秦儒家对老百姓的尊重、关怀与体恤。而且，在先秦儒家对"民"的尊重、关怀与体恤中，有一个非常突出的特点，就是儒学大师们一直都主张和倡导"高贵的人"存在的价值、目的和意义，就体现在于对"低下的人"的尊重、关怀与照顾上。

3. 先秦儒家重视人的实际能力与利益

人的利益受到关注与尊重，是人类社会进步的重大标志。我们看到，由母系氏族向父系氏族的过渡，其根本的原因就是男性取代了女性，成为生产和生活的主角；奴隶社会取代氏族公社，同样是因为奴隶主阶层的能力和势力超越了氏族集团；封建社会取代奴隶社会，依然是封建领主的能力与势力超越奴隶主阶层的结果；而资本主义社会取代封建社会的过程，这一特征发挥的作用就更其明显。也就是说，一个社会阶层如果具备了相应的能力与势力，就一定会希望或实际上升为统治阶层。历史的规律莫不如此。反之，如果一个阶层没有实际的能力和势力（包括经济、军事等），就不可能成为统治阶层。

先秦儒家对人的实际能力与利益的重视，无疑开启了人类社会真正地关照众生、谋求社会公平与正义、实现社会众生平等的新纪元。它的地位与作用丝毫不亚于 14 世纪在欧洲兴起的文艺复兴运动。文艺复兴运动是借复兴古希腊、罗马艺术之名，行解放思想、打破禁锢、现实众生平等、广开生业门路之实。在这一过程中，受反抗精神所激励的马丁·路德宗教改革得以推行，受冒险精神所鼓舞的新航路被发现，受科技创新活动所引领的蒸汽

---

① 《论语·尧曰》。

② 《论语·雍也》。

③ 《论语·学而》。

④ 《孟子·梁惠王上》。

⑤ 《论语·阳货》。

⑥ 《论语·先进》。

机、纺织机被创制……最终是一大群有资产、有技术、有权力要求和变革愿望的有产阶层的诞生。先秦儒家对人的实际能力与利益的关照与重视，恰恰就是文艺复兴运动对于人的地位与自由的追求、对于私有财产的追求等基本追求的萌现。甚为可惜的是，先秦儒家所处的时代还不具备文艺复兴时期的变革条件。因此，不仅没有由量变产生质变，甚至连量变都没发生，就如同一颗没有引信的炸弹扔进水潭里，在冒出了最初的几个气泡以后，便销声匿迹了。究其原因：其一是提出这一主张的先秦儒家不是新生力量的代表，尤其不是社会变革力量的代表。相反，还是旧有传统长治久安的维护者，他们提出人的实际能力与利益的关注与尊重，不过是为了获得老百姓对统治阶级的支持与拥护，并不希望老百姓用获得的能力与统治阶级抗衡；其二是这一主张没有足够的群众基础。不像文艺复兴运动那样，有一大群思想骨干、热血青年的呼应、搅动和渲染；其三是这一主张提出的时代背景不够成熟。不像文艺复兴运动那样已经束缚在基督教的禁锢下长达千余年，积聚了强烈的压抑、愤懑和宣泄之情，文艺复兴只是他们找到的一个最切合时令和需要的泄洪口，从此便一泻千里，永不回头，最后促成了资本主义制度的诞生。而先秦儒家关于人的实际能力与利益的倡导和推行，由于存在上述局限，从一开始就没有得到多少人的认同、附和与参与，更由于统治阶级的需要和秦汉后儒的误导，几乎是没有付诸实际行动，就已经胎死腹中。

关于先秦儒家人的实际能力与利益的关照与尊重，主要体现在如下方面：

（1）先秦儒家重视人的实际能力的培养与训练

在许多人看来，儒家留给后人的似乎仅仅是"仁""义""礼""智""信""恭""宽""信""敏""惠""孝""悌""忠""勇""敬"等一系列空泛的道德理想和抽象的精神追求。殊不知，先秦儒家在人的实际能力的培养与训练方面曾有过扎实的努力和忘我的付出。

①先秦儒家主张"教"。世界上所有的思想派别和思想家都注重"教"。因为，"教"是传播思想、笼络人心、提升影响和地位的重要途径和手段。但，"教"的形式、内容和方法在世界各地均有差异。总起来说，有三种模式：第一种模式其教育的目的不是希望受教育者得到更多，相反，是希望得到更少，即要求受教育者丢掉已有的、其他的文化观念和传统，完全接受教育者的教育，最终变成教育者的工具，如各种宗教的传播与灌输。我们可以称之为"教诫"。第二种模式其教育的目的是希望受教育者得到更多，而且是超乎

寻常多，最好是突破一切旧有传统和范式，产生全新的、能打破常规和禁忌的思想和观念。如古希腊苏格拉底、柏拉图所采用的追问法、归纳法等，往往把人先逼入死角，然后再绝处逢生。我们可以把此种方法称之为"教诘"。第三种模式恰好是介于两者中间，它既要求受教育者有所收获，但又不主张受教育者进行超越。它要求受教育者接受既定规范，并鼓励受教育者在既定规范内尽情发挥。如儒家的教育传统和方法。人们称之为"教化"。

"教化"的过程，是一种情感的培养，也即现代之所谓"情商"的开发；"教诘"的过程主要在于知识的培养和智力的启迪，即现代所谓"智商"的开发；而"教诫"的过程，主要在于观念与思想的植入，它需要的是受教育者的毫不质疑和逆来顺受，同时，受教育者通常都具有承认弱势、甘愿随从和逆来顺受的心理，我们姑且可以称之为"虔商"——虔诚地随附、盲从他人或容易接受他人心理暗示的特性。因而，"教诫"的过程就是"虔商"的开发过程。

先秦儒家"教化"的准则总起来有四条：其一是"先教后杀"。认为教育是前提和基础，是治理国家的重要手段，任何人犯了错，应当先以教化，给人以改过自新的机会，如果不给机会，不问缘由，犯错即杀，就是对人的虐待，是四种"恶政"之首，即所谓"不教而杀谓之虐"；同样，如果不对老百姓进行训练就把他们送上战场，那就是对他们的抛弃，即所谓"以不教民战，是谓弃之"；而为政的最高境界就是"不用杀"，即通过言传身教引导人们"弃恶从善"[①]。即使是通过"教化"依然犯错，也应该"德主刑辅""先德后刑"[②]。其二是"有教无类"。认为所有人都有接受教育的权利。因此，孔子的学生来源非常复杂，既有贵族子弟孟懿子、南宫敬叔、司马牛等，又有富家子弟公西赤、子贡等，还有平民子弟颜回父子、曾参父子、冉伯牛、冉求、闵子骞、原宪等，更有蹲过监狱的公冶长等，孔子对他们都一视同仁。其三是"因材施教"。认为学生的情况不同、条件不同，其已有认识的状况不同，而要将他们引导到正确的轨道，特别是调整到同等的认识高度，其教育内容和方法就应该有所不同。因此，先秦儒家尤其是孔子在教学中，经常会在同一问题上针对不同的人给出不同的答案。按理说，这一方法是真正的素质教育和启智教育的有效手段。

----

① 《论语·颜渊》中记载：季康子问政于孔子曰："如杀无道，以就有道，何如？"孔子对曰："子为政，焉用杀？子欲善而民善矣。君子之德风，人小之德草，草上之风，必偃。"

② 祁志祥．国学人文导论 [M]．北京：商务印书馆，2013:135.

但由于秦汉以后模式化教育的兴起，教育变成一种纯粹死板、僵化的御用工具。其四是"教为宗归"。所谓"宗归"，是指其必然的、最后的归宿。先秦儒家认为，在当时物质生活极度贫乏，人的认识水平、道德水准普遍低下的情况下，要使社会恢复到礼乐有序、天下有道的状态，教育是不可缺少的手段，不仅是前提和基础性手段，而且是最后的保障性手段。所以，当冉有问孔子一个地方的人口繁盛以后做什么的时候，他说："使他们富裕！"当冉有再问："富裕以后呢？"他毫不迟疑地回答："教之！"[1] 可见，在孔子看来，教育不仅是愚钝穷困的"启辉器"，而且是开化富足的调节器。

先秦儒家"教化"的内容主要分为四个方面："文、行、忠、信"[2]。所谓"文"，是指历史文献以及社会知识；"行"是指社会生活实践，尤其是指对于社会知识的转化行动；"忠"是指道德品格上的忠实、诚恳；"信"是指行为与言论上的一致性。在这四个方面中，尽管"文"是排在第一的，但孔子说："行有余力，则以学文。"[3] 也就是说，先还是要以日常事务的落实为主，如果还有时间和精力的话，就可以去学习历史知识和社会知识。而且，即使是掌握了知识，也还是要落实在行动上，要"先行其言而后从之"[4]，即做到了再说出来，即便是做到了还是要尽量少说，即"讷于言而敏于行"，要争取做到："闻斯行之"[5]，即听到了就行动，尤其是作为一个有修养、有名望、有志向的人，应该"耻其言而过其行"[6]，即以说得多做得少为耻，相反，要做到"言必信，行必果"[7]，即说到做到，而且坚持到底；同时，儒家在考察人的能力与品格时，其主要依据也在于"听其言而观其行"[8]。所以，先秦儒家非常注重受教育者行为能力的教化。而要使这些"教化"能够落到实处，教育的切实可行性就显得尤为重要，即一定要满足受教育者的切身需求。

---

① 《论语·子路》。

② 《论语·述而》。

③ 《论语·学而》。

④ 《论语·为政》。

⑤ 《论语·先进》。

⑥ 《论语·宪问》。

⑦ 《论语·子路》。

⑧ 《论语·公冶长》。

那么，儒家在这一方面的成功经验就在于立足于日用伦常的教化。

所谓日用伦常，是指生活中的伦理规范。先秦儒家的伦理规范是从饮食、衣着、居处等细节开始，而至疾病、丧葬、婚嫁、祭祀、农耕、渔猎等几乎无所不包。

关于饮食，儒家强调："民以食为天"[①]"食色，性也，人之大欲存焉"。[②]在这一总体原则下，要求人们："食不语，寝不言"[③]"食肉不至变味，饮酒不至变貌"[④]；粮食不嫌舂得精，鱼和肉不嫌切得细，霉烂变质、腐败发臭的东西不要吃，烹调不当的东西不要吃，不该吃的时候不要吃；[⑤]"主人不辞，不食亦不饮"[⑥]等等；教给人们很多健康的饮食习惯和周到的饮食礼仪。

关于衣着，孔子的规范极具代表性，其基本原则是：第一，要符合礼制（主要是周礼），在适当的场合佩适当的服饰，千万不能让服饰破坏了场合的氛围与格调；第二，要符合审美观念，要求从颜色、制式到质地符合服饰美、文化美、形象美；第三，要方便适用，既有利于身体健康，又有利于日常生活。即所谓：

> 君子不以绀緅饰，红紫不以为亵服。当暑，袗絺绤，必表而出之。缁衣，羔裘；素衣，麑裘；黄衣，狐裘。亵裘长，短右袂。必有寝衣，长一身有半。狐貉之厚以居。去丧，无所不佩。非帷裳，必杀之。羔裘玄冠不以吊。吉月，必服而朝。[⑦]

在这一要求下，不穿戴服饰，既使其个人的才华和修养再高，也有"质美而无文"[⑧]

---

① 《汉书·郦食其传》。

② 《孟子·告子上》。

③ 《论语·乡党》。

④ 《礼记·曲礼上》。

⑤ 《论语·乡党》中记载"食不厌精，脍不厌细。食饐而餲，鱼馁而肉败，不食；色恶，不食；臭恶，不食；失饪，不食；不时，不食；割不正，不食；不得其酱，不食。"

⑥ 《孔子家语·曲礼子夏问》。

⑦ 其基本含义是：君子不用深青透红或黑中透红的布镶边，不用红色或紫色的布做家居的衣服。夏天可穿葛布做的单衣，但外出时一定要加套外衣。黑色的羔羊皮袍，配黑色的罩衣。白色的鹿皮袍，配白色的罩衣。黄色的狐皮袍，配黄色的罩衣。平常在家穿的皮袍做得长一些，右边的袖子短一些。睡觉时一定要穿睡衣，睡衣的长度要有一身半长。用狐貉的厚毛皮做坐垫。丧服期满，脱下丧服后，可佩带各种装饰品。如果不是礼服，一定要加以剪裁。不穿着黑色的羔羊皮袍和戴着黑色的帽子去吊丧。每月初一，一定要穿着礼服去朝拜君主。

⑧ 《说苑·修文篇》。

的嫌疑，子桑伯子就是这样的典型①；同样，只要内在高贵，敢于穿着破旧衣服站在衣着光鲜的达官显贵之中而不感到惭愧，那他就达到了"质胜文"的境界，孔子认为子路就是这样的典范②。可见，在孔子的观念中，衣着的礼仪是必要的，但，只有衣着的美和内在品质的美相结合，才能做到"文质相称"。

关于处事，深为后世所乐道的是儒家的"中庸之道"。"中庸之道"，按照朱熹的说法，是"不偏不倚，无过不及"之道，指处理问题能够恰到好处，在两极之间找到合适的途径。落实到行动当中，就是位高不要目中无人，位卑不要自惭形秽；顺利的时候不要得意忘形，失败以后也不要自暴自弃；做人要有礼节，"不知礼，无以立"③；做人要讲诚信，"人而无信，不知其可也"；做人要有气概，"可以托六尺之孤，可以寄百里之命，临大节而不可夺也"④；做人要有底线，"富贵不能淫，贫贱不能移，威武不能屈"⑤；面对一切问题，始终坚持"博学之，审问之，慎思之，明辨之，笃行之"⑥的基本准则，就没有处理不好的问题。

以及疾病防治、丧葬处理、婚嫁习俗、祭祀规则、农耕要求、渔猎经验等，先秦儒家教给了人们许多切身需要、切实可行的知识、技能和礼节，其中的许多东西一直流传到现在，成为人们普遍认同和共同遵守的行为准则。

先秦儒家"教化"的方法。

谈到儒家"教化"的方法，我们也许能够得到一系列的答案，如为人师表、身体力行、因材施教、教学相长、循循善诱、知行合一、学思结合、学以致用、温故知新、举一反三等等。但如果我们一定要找到先秦儒家那个主要的、核心的"教化"方法，还在于理论与实践的结合。

---

① 《说苑·修文篇》中记载："孔子见子桑伯子，子桑伯子不衣冠而处。弟子曰：'夫子何为见此人乎？'曰：'其质美而无文，吾欲说而文之。'孔子去，子桑伯子门人不说，曰：'何为见孔子乎？'曰：'其质美而文繁，吾欲说而去其文。'"

② 《论语·子罕》中记载："衣敝缊袍，与衣狐貉者立而不耻者，其由也与！"

③ 《论语·尧曰》。

④ 《论语·泰伯》。

⑤ 《孟子·滕文公下》。

⑥ 《礼记·中庸》。

谈到这个问题，我们不得不回过头去解决一个积淤在人们心头两千余年的心结，就是：先秦儒家的始祖孔子是鄙视劳动、鄙视劳动人民的！其有力的例证就是"樊迟问稼"与"沮溺耦耕"。樊迟向孔子请教农事的时候，被孔子骂为"小人"①，子路向正忙于耕种的长沮、桀溺问路时，他们指责孔子为"四体不勤、五谷不分"②。表面上是孔子"恶农"的有力证据但，只要稍加全面、深入地分析就会发现，都存在曲解乃至栽赃的嫌疑。

就前者而言，是因为樊迟的问话违背了孔子办学的宗旨，即"培养造就'宏道'的'君子'，造就能实现其政治理想、改造社会的有用人材"。因为这是当时礼崩乐坏、道之不行的迫切需要，天下小人熙熙，而君子难觅。所以，孔子才会如此着力地弘扬君子、抑制小人。如果他从本质上厌恶农事，就一定会厌恶贫穷、辛劳和低贱。但，恰恰相反的是他几次辞官，放弃安逸、舒适的生活，冒着疲劳、饥饿、凶险、屈辱等风险，游走天下，其主要动机并不是为了升官发财，而是为了实现自己的"为政"主张。关于这一点，他的学生以及对他有所了解的社会人士都知道，以至于有人说他："是知其不可而为之者"③，还有人动员他："岂若从辟世之士"④。意即要他少管闲事，去过他与世无争的闲适生活。但，孔子的回答是："鸟兽不可与同群，吾非斯人之徒与而谁与？天下有道，丘不与易也。"⑤"君子之仕也，行其义也。"⑥孔子的意思是：人和鸟兽是不可以同群的，我和你们这些逃避现实的人不一样，我只能与世人在一起；如果世道清明，我们也就用不着这样了。君子做官的价值，就在于推行道义。他骂樊迟的用意，不过是觉得做一个能在政治上发挥影响力的君子远比做一个用情于稼、圃的"小人"的作用要大得多。

就后者而言，一方面，孔子的"四体不勤，五谷不分"是因为"道"和"食"的追求与分工差异，任何社会既少不了衣、食、住、行的生产者，但更少不了礼、乐、诗、书的经营者，而且，越是高度发达的社会，就越是需要"谋道不谋食"的开拓者。所以，在这

① 《论语·子路》。
② 《论语·微子》。
③ 《论语·宪问》。
④ 《论语·微子》。
⑤ 《论语·微子》。
⑥ 《论语·微子》。

一问题上，可以看出孔子比其同时代人高明了许多。而且，即便是他有很高的眼界、追求和成就，做到了"仁者不忧，知者不惑，勇者不惧"①的崇高境界，他也从不回避他"少也贱，故多能鄙事"②的历史过去；同时，他还非常推崇"菲饮食""恶衣服""卑宫室"③的大禹，赞许"一箪食，一瓢饮，在陋巷，人不堪其忧，回也不改其乐"④的颜回，以及能够"饭疏食饮水，曲肱而枕之，乐亦在其中"⑤的君子、贤人。另一方面，经过从汉唐到民国若干代史学家的考证，如"'长沮桀溺耦而耕'一章，那种辟世的思想带了极浓厚的老、庄色彩，不应在春秋时有，有亦不应这么浓厚，尤其不应在孔门产生。"⑥这些内容，拿梁启超先生的话说，"只能推为战国中叶那般无聊的政客，朝秦暮楚，有乳便是娘，人格扫地，却又对不起良心，捱不起恶骂，只好造孔子的假事，窜进《论语》来做挡箭牌，说孔子也跟我一样。"⑦

因此，关于孔子"恶农""贱农"的真相也就一目了然了。事实上，孔子不仅没有轻视过劳动和劳动人民，而且，他的整个政治主张的核心就是"贵农""重农"和"爱农"，要统治阶级尊重广大劳动人民、爱惜民力、关心劳动人民的疾苦，从而获得劳动人民的理解和支持。除了他为当时统治阶级服务的落脚点存在问题外，其他都值得历代有志之士思考和借鉴。

由于孔子"为政"的立足点在于劳动人民，所以，他的很多主张和观点都是围绕劳动人民的疾苦和需求而展开，孟子和荀子更是继承和发扬了这一认识。这样一来，理论联系实际的教化方法在先秦儒家也就顺理成章。比如孔子的学生有子谈"君子务本"时，是从道德这一根本⑧追溯到"仁"这一支撑，再延伸及孝、悌这一垫盘，最后落实到对父母的

---

① 《论语·宪问》。

② 《论语·子罕》。

③ 《论语·泰伯》。

④ 《论语·雍也》。

⑤ 《论语·述而》。

⑥ 夏德靠.《论语》研究[M].北京：知识产权出版社,2015:135.

⑦ 夏德靠.《论语》研究[M].北京：知识产权出版社,2015:136.

⑧ 唐代兴.生境伦理的教育道路（生境伦理学卷八）[M].上海：上海三联出版社,2014:277.

孝敬和兄弟的友爱这一基石上，从而让"本"这一空泛、抽象的教条变得真切、近实起来。在关于"孝敬父母"这一问题上，孔子又进一步强调，是指不违背礼制对于孝敬的要求，即父母在世的时候要按礼制侍奉他们，要尊重父亲的意见；父母去世后要按礼制埋葬和祭祀他们，要完成父亲的遗愿①，从而让"孝"的水彩画演绎成日常生活的情景剧。又如儒家在谈礼时，从"礼之用，和为贵"②"恭近于礼"③"为国以礼"④到"入太庙，每问事……是礼"⑤"事君尽礼"⑥"麻冕"是礼⑦"居丧"是礼⑧等一系列的"礼"路演进，让"礼"的图景逐步变得清晰、生动起来。更为重要的是，理论联系实际，勇于实践和勤于实践是先秦儒家的根本宗旨。正如前文中提到的一样，"行"是儒家"教化"的主体内容，"听其言而观其行""讷于言而敏于行""闻斯行之""言必信，行必果"等都是其实践主张的强烈表达。也正因如此，衍生出先秦儒家一系列理论联系实际、具体问题具体分析的优秀典范。

以"孝"为例，孔子下的定义是："三年无改于父之道，可谓孝矣。"⑨但当孟懿子向他问孝时，他说："无违。"⑩当孟武伯向他问孝时，他说："父母唯其疾之忧。"⑪当子游向他问孝，他又说："今之孝者，是谓能养。至于犬马皆能有养；不敬，何以别乎？"⑫而当子夏向他问孝时，他却说："色难。有事，弟子服其劳；有酒食，先生馔，曾是以为孝乎？"⑬同一个概念，孔子给出了五个不同的答案。如果按照今天的教学要求来说，孔

---

① 《论语·为政》中记载："生，事之以礼；死，葬之以礼，祭之以礼。"《论语·述而》中记载："父在，观其志；父没，观其行；三年无改于父之道，可谓孝矣。"

② 《论语·学而》。

③ 《论语·学而》。

④ 《论语·先进》。

⑤ 《论语·八佾》。

⑥ 《论语·八佾》。

⑦ 《论语·子罕》。

⑧ 《论语·阳货》。

⑨ 《论语·学而》。

⑩ 《论语·为政》。

⑪ 《论语·为政》。

⑫ 《论语·为政》。

⑬ 《论语·为政》。

子简直就是随心所欲、太过任性，一定是一个重大的教学事故。然而，这正是孔子的高明之处、独特之处和无可企及之处，也是他理论联系实际、具体问题具体分析后因材施教的精彩典范。他之所以就同一个问题给出五个不同的答案，有他深刻的道理和缘由。

第一，就孔子为"孝"下的定义而言，历史上曾经有过很多争议和探讨，由于篇幅及问题的主旨不同，在此不加讨论。但，依据对语言环境的理解，认为这里的"孝"不应是普遍意义上的公理，而应是特定情景下对于特定问题的强调。也的确有资料显示，孔子的这句话针对的是孟庄子为政的事迹，说的是："孟庄子之孝也，其他可能也；其不改父之臣与父之政，是难能也。"①这种思考，放在今天这个年代，的确有愚忠愚孝的问题。但，在先秦的礼制时代，"三年之孝"是基本要求，不论是谁，只要父母离世，都一定要服丧三年。就此问题，子张和孔子曾有一次对话，子张说："根据《尚书》记载：高宗的父亲去世后，三年不谈政事。为什么会这样？"孔子说："岂止是高宗？古人都是这样。国君死了，朝廷百官各管自己的职事，听命于冢宰三年。"②这是毋庸置疑的事实，即便到了清代，"守丧"依然是上起帝王、下至贫民无法回避的责任。据传明清两朝还曾有官员因为"父母死后，没有回家奔丧守制，于是监察御史就奏章弹劾，连皇帝都无法为他庇护"的事情。而孔子对这一定制是非常在意的，曾经就宰我希望将三年的丧斯缩短至一年的说法给予过严厉的批评。他的大意是：父母去世才一年，你就锦衣玉食，你心安吗？父母把你生下来养育成人，呵护关怀你那么多年，你难道就连三年的爱都没有吗？③不独孔子持这种观点，孟子以及后儒很多人都持这种观点，以至齐宣王、阳货等许多当时的权贵希望"短丧"的提议都被扼杀。孔子对"孝"所作的定义就是在当时这样一种背景下提出来的。因此，其特定性较强，而其普遍性不够。

第二，他在回答孟懿子时，给他的答案就是两个字："无违！"。按理说，这么一句既不具有哲理性，又不具有启发性，简直还显得很突兀的话，一般人是听不懂、也理解不了的。比如说当时给孔子驾车的樊迟就没弄懂，问孔子是什么意思？孔子就告诉他："生，

---

① 《论语·子张》。

② 《论语·子张》中记载：子张曰："书云：'高宗谅阴，三年不言。'何谓也？"子曰："何必高宗？古之人皆然。君薨，百官总己以听于冢宰三年。"

③ 《论语·阳货》中记载：宰我问："三年之丧，期已久矣。君子三年不为礼，礼必坏；三年不为乐，乐必崩。旧谷既没，新谷既升，钻燧改火，期可已矣。"子曰："食夫稻，衣夫锦，于女安乎？"曰："安。""女安则为之。夫君子之居丧，食旨不甘，闻乐不乐，居处不安，故不为也。今女安，则为之！"宰我出，子曰："予之不仁也！子生三年，然后免于父母之怀，夫三年之丧，天下之通丧也。予也有三年之爱于其父母乎？"

事之以礼；死，葬之以礼，祭之以礼。"①意思是：父母活着的时候，要按礼制的要求侍
奉他们；父母去世以后，要按礼制的要求埋葬他们、祭祀他们。表面上这是一句很有原则、
对事不对人的话。但在当时的情景下，就还真是针对了"三个人"：第一个人就是孟懿子，
第二个人是樊迟，第三个人就是具有类似现象的社会大众。为什么这么说呢？理由在于：
就孟懿子而言，他是鲁国权贵、孟孙氏的第九代宗主，在鲁国有着很大的权势，经常僭越
鲁国国君乃至周王朝天子之礼，同时还暗中耍奸，致使孔子削除鲁国地方势力的"堕三都"
计划失败，这是一方面；另一方面，孟懿子的父亲孟僖子由于不懂礼仪，在作为鲁昭公的
副手陪同鲁昭公赴楚国参加华章之台的落成典礼时，使楚国蒙羞，一直到死都心存愧疚。
临死之前，把他的两个儿子孟懿子和南宫敬叔托付给孔子学礼。所以，当孔子说："孝就
是无违"时，相信孟懿子不仅听懂了，而且还一定很愧疚。就樊迟而言，他是一个天资不
高②，但勤奋好学之人。他曾经向孔子问知、问稼、问圃、问崇德、修慝与辨惑，并三次问仁，
不仅向老师问，还向学长子夏问，应该是《论语》中问得最多的人。由于问一些不太"务
本"的事情，曾被孔子骂为"小人"。但孔子是一个从内心关爱学生的好老师，骂归骂，
总的意图还是期望学生能够成仁得道，只不过有时候有些学生让他感到太恨铁不成钢了。
因此，鉴于樊迟的愚钝鲁莽和勤学好问，以及作为老师对于学生的关爱，孔子不失时机地
将"孝"的"准则"传授给樊迟。只不过，他给樊迟的这个答案要远比给孟懿子的"无违"
宽泛、抽象得多，进到了对事物普遍、本质和概括性的反映，应该是给予社会大众的、无
差别的概念。然而，这一概念和"孝"概念本身有一定差异。这种差异就在于："孝"本
身所强调的是子女对父母的尊敬、关怀与记惦，是情感通过行动的付出。但，孔子告知樊
迟的却都是"礼"——生，事之以礼；死，葬之以礼，祭之以礼。原因在于：在孔子看来，
"礼"——也就是规范，是比行为更高层面的境界，实际上也是"道"与"器"的差异。
因为行动固然重要，但如果一个人只知道干实事、干死事，就只是相当于一个"器具"。
器具发挥的作用是相当有限的。所以，也就因为这样的原因，有孔子骂樊迟"小人"，骂
子贡"瑚琏"③的事情。因此，当孔子告诉樊迟"孝"主要在于子女对父母亲的一种"礼节"，

----

① 《论语·为政》。

② 邸永强. 论语明义 [M]. 北京：九州出版社，2014:81.

③ 《论语·公冶长》。

是一种要求，而不仅仅是个人道德自觉的时候，对他有两种提示：其一是子女对父母亲做得再好，也是应该的，是一种道德要求；其二是不能只顾自己对父母亲好，还要影响和规劝别人对父母亲好。这样才能由特定职能的"器"上升为具有普遍价值的"道"，也才符合孔子办学的理想和追求。

第三，他在回答孟武伯的询问时，给他的答案是："父母唯其疾之忧。"[①]孟武伯是孟懿子的儿子，孟孙氏第十代宗主。同一个问题，孔子竟然给了他父子俩完全不同的两个答案。为什么会这样？关键还在于两个人的具体问题不同。孟懿子的问题是违背礼制以及他父亲的期待——"不守礼"，而孟武伯的问题是一向说话不算数，干事嚣张、跋扈[②]，骄奢淫逸[③]——"有恶行"。所以，相当多的人将此句的"疾"译作"疾病"，笔者认为是单纯从字面理解的原因。一般而言，父母担心子女的身体健康，既是常情也是常态。然而，史料中没有任何关于孟武伯身体状况不佳的记载，而反之，关于孟武伯说话不算数，干事情嚣张、跋扈，骄奢淫逸的记载却基本一致。因此，此处的"疾"应该是指孟武伯行为的不端。通常，子女有不良行为也是父母亲担忧和头痛的问题。故而，这里应该是孔子提醒孟武伯：不让父母亲为自己的不良言行担忧就是对父母亲最大的孝。

第四，当子游问孝时，孔子给他的答案是：不能以为在物质上供养父母亲就是孝，如果不能在精神层面让父母亲愉悦，就和养马没有区别，哪里谈得上孝？而当子夏问孝时，孔子却告诉他：不要以为父母亲有事子女代劳，让父母亲衣食无忧就是孝，如果不能做到日常情绪上对父母亲的和颜悦色，依然不是孝。

尽管这两个答案的内容完全不一样，但，在本质上，这两个答案有很大的共性，就是：都是要求在物质和精神层面让父母亲得到满足。这和前面孔子对孟懿子、孟武伯的就事论事有显著差别。已经由对具体问题的领悟与反思，提升到精神层面的追求与落实。是"形而下"与"形而上"的区别。之所在如此，原因在于：子游和子夏是孔子所有学生中最为聪慧、最具有领悟能力的两个人。是"七十二贤"中的佼佼者，有"孔门十哲"之称。也

---

① 《论语·为政》。

② 思履. 论语全解（彩图全解版）[M]. 北京：北京联合出版公司, 2015:385.

③ 邸永强. 论语明义 [M]. 北京：九州出版社, 2014:14.

是《论语》中以"文学"①著称的典范人物。因此，孔子对这两个人都有较好的评价，自然也有较高的要求。除了要求他们领悟到关于物质层面的"孝"的"礼数"外，还要求他们在精神层面追求"孝"的"安放"。这两个人应该说也不负众望，后来都成为儒家重要的传承人。只不过子夏是一位不拘传统且有明显"异端倾向"的人，他在孔子死后独自跑到偏远的"西河"区域自立门户，形成了一个所谓的"西河学派"，在传承儒家核心思想的同时，不断创新，最终为荀学和法家的诞生创造了条件。这一点自然逃不过善于观察、注重实教的孔子。所以，孔子曾经呵责子夏："女为君子儒，无为小人儒。"②可以肯定，子夏在勤于学习、善于思考的同时，必定有冒犯老师、偏离老师的地方。因此，我们认为子夏问"孝"的答案，并不是说子女与父母之间的问题，而是学生与老师之间的问题，具体来说，就是孔子利用子夏问"孝"的机会，发泄他对子夏的不满。意思是说：老师有事弟子代劳，有酒饭供老师食用，就认为是孝了吗？只有在和颜悦色的前提下做这一切才是孝。有人可能质疑：孝不是特定地用来衡量子女与父母之间关系问题的专用字吗？的确，《尔雅》云："善事父母曰孝。"③但，在中国传统文化中，"为师即父"的思想也非常深厚。孔子以子夏之父自居，应该说没有委屈子夏，除了他们之间的师生关系外，孔子比子夏长四十四岁，子夏家贫，孔子给予了很多学习、生活乃至工作的关照。因而，子夏问孝，孔子除了对他有精神层面的"孝道"指引外，也含有对他本人"行孝"方面的问题的指正。至于孔子给子游的答案有无具体所指，没有资料佐证。但孔子在某些问题上对子游认识不足是有例证的。如子游在任武城宰时，用孔子的礼乐思想教化人民，结果是呈现出一派百姓安居乐业、人民欢欣鼓舞的喜庆、祥和景象，连孔子都觉得低估了子游的能力和效果。因此，在子游的"孝行"中有无"养而不敬"的问题，也就显得不那么重要了，既可能有，也可能是孔子的误解，还可能是当时普遍的社会现象。重要的是，这一现象对我们现代依然有非常重要的警示作用。

又如在"为政"的问题上，孔子总的指导思想是"为政以德"，但在具体应用时，却可以离开这一抽象的德性而进至具体的德行。所以，当季康子问子路、子贡和冉有可不可

---

① 《论语·先进》。

② 《论语·雍也》。

③ 林坚. 林间的意绪 [M]. 北京：中国文联出版社，2016:160.

以为政时，孔子毫不含糊地回答，子路做事果断可以为政、子贡通达事理可以为政、冉有多才多艺可以为政。① 可见，"为政"的德行是可以各不相同的。至于"为政"的方法和手段就更加因人而异了。针对当政的齐景公，孔子的回答是"君君，臣臣，父父，子子"。② 意即只要将各种社会关系理顺了，政治也就清明了；针对"利口善辩"而又年少气盛的子张，孔子的回答是"居之无倦，行之以忠"。③ 意即思想要不懈怠，行为要忠诚；针对鲁国握有实权且经常以强力干政的季康子，孔子的回答是"政者，正也。子帅以正，孰敢不正？"④ 告诉他政事的治理就在于正当，并反问他，如果你自己行事正当，还有谁敢不正当？针对性格刚烈、处事急躁的子路，孔子要他"先之，劳之"和"无倦"。⑤ 一方面要他以身作则、不辞劳苦，另一方面又要他能持之以恒。这对于发扬他的长处，克服他的不足是非常有益的；针对以德行见长、又被孔子称道为"可使南面"⑥ 的冉雍，孔子要他"先有司，赦小过，举贤才"。⑦ 意在提醒他不要因为自己的德才而大权独揽、责备求全；针对作为当时的大国楚国的大夫叶公问政，孔子告之曰："近者说，远者来。"⑧ 意即不以征伐的方式来压服远近的人们，而是采取仁德的方式，使周边的人高兴，使远方的人归服，从而达到大治；针对子夏问政，孔子的答复是"无欲速，无见小利。欲速，则不达；见小利，则大事不成"。⑨ 孔子说这番话时的针对性肯定也是很强的，因为此前孔子就已经提示过子夏，要他"为君子儒，无为小人儒"。⑩ 表明子夏在处理问题时过于注重"形而下"的践用，以至于背离了"形而上"的体道，走上与君子相反的"小人"之路，而子夏在《论语》中的表现也恰

---

① 《论语·雍也》中记载：季康子问："仲由可使从政也与？"子曰："由也果，于从政乎何有？"曰："赐也可使从政也与？"曰："赐也达，于从政乎何有？"曰："求也可使从政也与？"曰："求也艺，于从政乎何有？"

② 《论语·颜渊》。

③ 《论语·颜渊》。

④ 《论语·颜渊》。

⑤ 《论语·子路》。

⑥ 《论语·雍也》。

⑦ 《论语·子路》。

⑧ 《论语·子路》。

⑨ 《论语·子路》。

⑩ 《论语·雍也》。

恰反映了他是一个"形而下"的践用主义者：

在《论语·学而》中有：子夏曰："贤贤易色，事父母能竭其力，事君能致其身，与朋友交言而有信。虽曰未学，吾必谓之学矣。"

在《论语·子张》中有：子夏之门人问交于子张。子张曰："子夏云何？"对曰："子夏曰：'可者与之，其不可者拒之。'"子张曰："异乎吾所闻：君子尊贤而容众，嘉善而矜不能。我之大贤与，于人何所不容？我之不贤与，人将拒我，如之何其拒人也？"

也同样是在《论语·子张》中，有：子夏曰："虽小道，必有可观者焉"、"百工居肆以成其事，君子学以致其道。"

上述的种种表现都说明子夏将践用视为与体道同样重要的成长途径，这与笃信体道的子张形成鲜明的对比。所以，孔子在评价子张与子夏时说："师也过，商也不及。"而总体上是"过犹不及"。[①]意即两个人的方式和途径都存在缺陷。故当子夏问政时，孔子才再次提醒他不要急于求成、不要贪图小利，而要着眼于长远和大局。在这里，除了能够证明孔子注重实际、因材施教的践用观以外，从对子夏与子张的评价中，我们还能够发现孔子的践用观持中而有度，是他"中庸"的生动反映。也表明，孔子的学术主张是来源于实践，而又能很好地运用于实践的经验总结，正如有人感慨说："它引导人们以感悟兴会的方式从"形而下"经验世界达到对形而上的道德本体的认同"。

孔子具体问题具体分析、因材施教的例子还有很多，比如："君子"问题、问"礼"问题、问"仁"问题、问"知"问题以及问"行"问题，都将孔子针对问者的实际情况与问题的要求之间的有机结合体现得淋漓尽致，无愧是中国乃至世界案例教学、实践教学的典范。

②先秦儒家倡导"学"。

倡导学习是先秦儒家的又一个重要特点，或者说是一个显著的优点。这一优点体现在：

第一，先秦儒家把学习放在第一位。

相信深读《论语》的人都会发现这样一个现象："学"字在《论语》中出现的频次

---

① 《论语·先进》。

比较高，达到了 64 次①之多；而且，重要的是《论语》的开篇即是"学"。关于这一点，有人提出："把《学而》放在《论语》全书的第一篇，相信是弟子们精心策划、有意为之的。"认为"本章是全篇之纲，也是全书之纲……真正把这一章理会透了，往下的学习才会深入下去。"而朱熹也曾经批注道："此为书之首篇，故所记多务本之意。乃入道之门，积德之基。"台南师范学院周群振教授也指出："本章列《论语》首篇之首章，义旨精神，诚足以涵盖全书综和之思行意理也不遗。大抵为孔子晚年自省生命历程之所成就，而以昭示并启迪门人者。自外观之，若有三事；揭其内蕴，实系整体一贯之展露，动发之机，则尽在'学而时习之'一语之为因。"②

可见，学习在先秦儒家有着非常重要的地位。正如孔子感慨的："吾尝终日不食，终夜不寝，以思，无益，不如学也。"③可以说，学习是儒家开展一切活动的前提和基础，也是其联通一切活动的经络。

儒家的学习主要体现在两个方面：一是自觉学习，二是善于学习。

自觉学习是通过培养学生的兴趣、特长和习惯入手的。孔子对于学生兴趣的关注是我们现代的教师也很难做到的，在《论语》短短的篇幅中，就有两处孔子与学生言志的记载，一处是《公冶长》中，"颜渊、季路侍。子曰：'盍各言尔志？'"一处是在《先进》中，"子路、曾皙、冉有、公西华侍坐。子曰：'以吾一日长乎尔，毋吾以也。居则曰：'不吾知也！'如或知尔，则何以哉？'"正是通过这样一些方式，使他对于自己的学生几乎了如指掌，知道他们爱好什么、缺乏什么。因此，当一心想学稼学圃的樊迟向孔子"问知"时，子曰："务民之义，敬鬼神而远之，可谓知矣。"④从而将樊迟的兴趣引向"道""义"；当子夏问曰："'巧笑倩兮，美目盼兮，素以为绚兮。'何谓也？"子曰："绘事后素。"曰："礼后乎？"子曰："起予者商也！始可与言诗已矣。"⑤亦是对学生已有兴趣的由衷赞许与鼓励。孔子尤其注重调动和发挥学生的特长，当擅长政事的冉有对孔子广博高深的学问表现出畏难

---

① 陆建非.现代基础教育研究（第 11 卷）[M].上海：上海教育出版社,2013:68.

② 仝冠军.先秦诸子传播思想研究[M].北京：中国书籍出版社,2014:114.

③ 《论语·卫灵公》。

④ 《论语·雍也》。

⑤ 《论语·八佾》。

情绪时，子曰："力不足者，中道而废。今女画。"①鼓励他克服畏难情绪，不要半途而废；而当子贡在《诗》的学习中取得心得时，子曰："赐也，始可与言诗已矣！告诸往而知来者。"②无疑也是对子贡及其他学生学习积极性的极大肯定与激发。然而，这一切都不及良好的学习习惯重要，孔子在教育他的学生时，既提到"学而时习之""温故而知新"，又告诉大家"十室之邑，必有忠信如丘者焉，不如丘之好学也"。③意在提醒大家，学习是一个持之以恒的事情，所以当宰予在大白天睡懒觉时，他气愤地说："朽木不可雕也，粪土之墙不可杇也，于予与何诛。"④也许宰予是从中获得了警示，也从而成为孔子学生中以"言语"见长的"十贤"之一。

孔子在善于学习方面实际上是给学生指明了两条路径：一条是向书本学；一条是向实践学。向书本学又学过哪些书本呢？

《论语》提到过《诗》《书》和《易》，但《礼》和《春秋》却未有出现过。尽管《论语》中亦有"礼"的内容和"春秋"的事件，但这与那两部书却难以建立起直接的关联。这样看来，孔子的教学用书很可能少于"五"经；但孔子学通古今，他读过的书肯定不会少于"五"，所以，孔子更可能以更多的"经"来教育弟子。至于"六艺"，则可断然认定它在孔子手中并没有像后世那样的严格。孔子周游列国，在实践中教导弟子，无疑已远远地超出了"六艺"的范围。然而，如果一定要从一艺一艺地落实下去的角度看，恐怕亦可以讲孔子之所教不足"六"艺。这正如我们一再强调的那样，孔子的教育并不像后世之"教头"那样是为了某种社会所确认的外在而刻板的标准去培养弟子。

这段话引自高专诚所著的《孔子·孔子弟子》一书，应该说对孔子的教学内容作了一个比较有说服力的评述，对孔子本于教学内容所采取的教学方法的评价也比较中肯。但有一点值得补充的是，孔子的教学内容或者说教学目的是礼、义、忠、信，是"德"，也就是说孔子在突破教学形式、教材形式的同时，还突破了教学内容的形式，正如他的"祭神

---

① 《论语·雍也》。
② 《论语·学而》。
③ 《论语·公冶长》。
④ 《论语·公冶长》。

如神在"①一样，他是从现象上升到了本质，告诉学生从"礼"中看到"知"，从"知"中看到"义"，从"义"中看到"德"。所以，"子以四教：文，行，忠，信。"②要是我们现在的那些"教头"们去照图索骥地找这些教材的话，忙乎一通以后他恐怕会告诉你一本也找不到。

向实践学习，孔子是通过以下途径：一是自己的言传身教；二是给他们树立触手可及的典范。如：同是作为孔子学生的学兄、学弟们，颜回、宓子贱、南宫适等；三是要他们在日常生活中自己感悟，"不愤不启，不悱不发。举一隅不以三隅反，则不复也。"③

第二，先秦儒家推行平民教育。

首先，先秦儒家是平民教育的先行者。

中国古代的教育起源较早，在《白虎通》中就有关于神龙氏"教民农作"的记载；虞舜时期，又有了"一面负责饲养牛羊等牲畜，一面兼顾看管少年儿童"的"庠"；夏朝时期，在"庠"的基础上又出现了"序"和"校"。根据《孟子》的解释："庠者，养也。校者，教也。序者，射也。"④"校"根据《说文》的进一步阐述，是"用木或竹等围成栏格作为养马的地方，后来逐渐演变成奴隶主贵族习武和比武的地方"。"是一种军事体育性质的教育机构"⑤。"序"为教习骑马射箭的专门机构。此时的"庠"已经和虞时有了不同，主要是安顿有专长、有名望的老人的机构，都还不是真正意义上的学校；商朝时期，在"庠"和"序"的基础上，又出现了"学"和"瞽宗"。两者的差别在于："'学'以明人伦为主，'瞽宗'以习乐为宗。""已具备了现代学校的某些特点，标志着中国学校的正式形成。"⑥但，在"学"和"瞽宗"之中，传授的内容主要为礼乐以及天文、历法、

---

① 《论语·八佾》。

② 《论语·述而》. 按照刘宝楠的理解："文，谓诗、书、礼、乐，凡博学、审问、慎思、明辨，皆文之教也。行，谓躬行也。中以尽心曰忠；恒有诸己曰信。人心忠信，而后可致知力行。故曰：忠信之人，可以学礼。此四者，皆教成人之法，与教弟子先行后学文不同。"论语正义·子以四教章正义 [M]. 在本文中表明孔子教，很大程度上强调的是教学目标。

③ 《论语·述而》。

④ 《孟子·滕文公上》。

⑤ 章人英，葛明沧，顾钢. 华夏文明圣火薪传（第 2 卷）[M]. 上海：上海三联书店，2015：140

⑥ 章人英，葛明沧，顾钢. 华夏文明圣火薪传（第 2 卷）[M]. 上海：上海三联书店，2015：141.

算学等①，传授的对象主要是"商朝奴隶主贵族子弟"，是中国最早的"官学"。西周时期，已经分别出小学和大学两级学制，而小学和大学又分中央和地方设置两种，分别叫乡学和国学。但，无论乡学还是国学，都是贵族子弟学校，"至于平民和奴隶们的子弟，则只能是奴隶主们剥削和压榨的对象，不会有上学求知识的权利了。"只有到了春秋以后，"天子失官，学在四夷"②的局面才逐步出现，而孔子无疑是其中的先锋人物。所以，黄克剑先生曾指出：严格意义上的教育的自觉发端于孔子③。因而，后世对孔子又有"至圣先师"之称。而孔子不仅是开了"私学"的风气，更重要的是他所倡导的"有教无类""教民以使"④的主张开了"平民之学"的风气。

其次，先秦儒家是平民教育的代言人。

从儒家对自身的定位来看，就打下了"为需为用""为稼为穑"的平民烙印。《周礼·天官》云："儒，以道得民。"郑玄注："儒，诸侯保民有六艺以教民者。"许慎《说文解字》释："儒，柔也。术士之称。从人需声。"刘歆《七略》称："儒家者流，盖出于司徒之官，助人君顺阴阳、明教化者也。游文于六经之中，留意于仁义之际，祖述尧舜，宪章文武，宗师仲尼，以重其言，于道为最高。"颜师古曰："凡有道术皆为儒。"班固推定："儒家者流，盖出于司徒之官，助人君顺阴阳教化者也。"⑤《辞源》对儒的定义是："儒，古代从巫、史、祝、卜中分化出来的人，也称术士，后泛指学者。"于是，傅斯年、冯友兰等有所谓儒者"教书匠"，俞樾、钱穆等有儒者"术士"，徐中舒、张岂之等有"宗教教士"，郭沫若等有"缙绅先生"的说法，而所有这些身份，都有一个共同的特点，即都是指在学业上有一技之长，并以此为职业的人。胡适更是从考据学的立场考察了"儒"的生活。他说："我疑心《周易》的'需'卦，似乎可以给我们一点线索。儒字从需，我疑心最初只有一个'需'字，后来始有从人的'儒'字。"他在进行了大量的论证以后得出的结论是："'需'卦所说似是一个受压迫的智识阶级，处在忧患险难的环境，待时而

① 李全生.中外教育简史 [M].天津：天津人民出版社,2010:17.

② 《左传·昭公十七年》。

③ 黄克剑.问道（第5辑）[M].福州：福建教育出版社,2011:105.

④ 《论语·阳货》中记载："君子学道则爱人，小人学道则易使也。"

⑤ 《汉书·艺文志》。

動，謀一個飲食之道。這就是'儒'。"通過對這些資料的總結，我們很容易得出一個結論：所謂"儒"，就是有一定學術專長的窮教書匠。而從古往今來的實際情況來看，從高到大學教授至低起學前班幼師，沒有人不困於柴米油鹽，也沒有人不感觸勞動生產。所以，儒家的"教化"就是從受教育者認識生活、認識生產，並學會生活、學會生產，是與廣大人民和生產勞動密不可分的職業與追求。

再次，先秦儒家是平民教育的忠實履行者。

先秦儒家平民教育的內容主要包括兩個方面：其一是堅定平民教育的思想；其二是保持平民教育的本色。

就前者而言，先秦儒家的平民教育思想又分為三個層面：一是教育者和受教育者不能怕窮，所以，孔子說："君子固窮。"[1]孟子也要求："窮則獨善其身，達則兼濟天下。"[2]告訴人們，即使窮也要保持君子的本色和固守君子的底線。二是假如不能通過正道獲取財富，則寧願窮。孔子提出："富與貴，是人之所欲也；不以其道得之，不處也。貧與賤，是人之所惡也；不以其道得之，不去也。"[3]"不義而富且貴，於我如浮雲。"[4]孟子的態度是："非其道則一簞食不可受於人，如其道則舜受堯之天下不以為泰。"[5]三是讚揚和提倡"貧而樂"[6]。孔子既以顏回的事蹟為榜樣讚歎說："賢哉回也！一簞食，一瓢飲，在陋巷，人不堪其憂，回也不改其樂。賢哉，回也！"[7]又向大眾提出要求說："士志於道，而恥惡衣惡食者，未足與議也。"[8]告訴人們：對於有志於學道，卻又以吃得差穿得差為恥辱的人，是不值得與他論道的。孟子形象地說："雞鳴而起，孳孳為善者，舜之徒也；雞鳴而起，孳孳為利者，蹠之徒也。"[9]荀子也進一步指出："古之所謂士仕者，厚敦者也，

① 《論語·衛靈公》。
② 《孟子·盡心上》。
③ 《論語·里仁》。
④ 《論語·述而》。
⑤ 《孟子·滕文公下》。
⑥ 《論語·學而》。
⑦ 《論語·雍也》。
⑧ 《論語·里仁》。
⑨ 《孟子·盡心上》。

合群者也，乐富贵者也，乐分施者也……羞独富者也。"①先秦儒家的这些思想，一方面已经具有了很强的理想、信念意识，对当时的"儒学""儒行"产生了深刻影响；另一方面，也为千百年来中国的文人雅士"安贫乐道"谱写了序曲。

就后者而言，先秦儒家的平民教育本色是通过儒家先圣的身体力行来体现和阐释的。儒家先圣孔子不仅在思想上宣传和倡导"士志于道""安贫乐道"的平民主张，而且在行动上忠实地履行"见利思义""见危授命"的平民准则。作为孔子而言，尽管三岁丧父、十七岁丧母，未及成年家道就已经衰败，但凭借他过人的能力与智慧，到他成年时已经是一个小有名气的"知礼"人士，为此，他曾经做过季氏家族的"委吏"②"乘田"③一类官员，并受到宗主季平子的赏识，但由于不认可季平子的"僭礼"行径而离开了季氏；鲁定公掌权后，鉴于孔子的贤能，委任孔子为中都宰④，不久后又升为小司空⑤、大司寇⑥，并"由大司寇摄相事"，成为鲁国名副其实的第三把手。有人曾经计算过孔子的收入，根据孔子自己的述说，他在季氏工作时的收入是"千钟"。由于流传下来的"钟"的标准不一致，所以，无法进行准确的衡量。但无论用哪一种标准，"千钟"都已经不少。因此，估计孔子在此只是概说"收入不少"。但，孔子在卫时与卫灵公的一段对话中谈到的收入应该可靠。

孔子遂适卫，主于子路妻兄颜浊邹家。卫灵公问孔子："居鲁得禄几何？"对曰："奉粟六万。"卫人亦致粟六万。⑦

据唐代张守节推算：春秋时的六万，相当于唐代的二千石。⑧而当时的一石为四钧，一钧为30斤，那么，2000石则为24万斤小米。按照目前市场上小米的平均批发价格6元一斤，孔子当时的年薪高达144万元。无论如何都属于高收入群体。

然而，孔子没有留恋他的高收入生活，只要碰上与道义不合、与他的理想追求相冲突，

① 《荀子·非十二子》。

② 管理仓库的官员。

③ 管理畜牧的官员。

④ 中都地方的行政长官，今山东省汶上县一带。

⑤ 掌管土地和水利工程的官员。

⑥ 掌管治安、司法工作的官员。

⑦ 《史记·孔子世家》。

⑧ 张守节在《史记正义》中记载"六万，小斗，计当今二千石也。"罗安宪.中国孔学史[M].北京:人民出版社,2008:13.

他随时可以放弃稳定的高收入生活，而去过颠沛流离的游说生活。如在鲁国，就因为与季桓子的政见不合，看不惯鲁定公与季桓子对女色的贪念，毅然离鲁；在卫国则因为对卫灵公的"军旅"主张不满，仓促离卫；当卫出公想请孔子出来做官时，孔子又因"正名之迂"断送了自己的财路；等等。孔子是一个真正"言出必行"诚信君子，一生都在以自己的行动实践其"不义而富且贵，于我如浮云"的铿锵誓言。

不独如此，孔子在收徒授学的过程中，很大程度上也是赔本的买卖。他说："自行束修以上，吾未尝无诲焉。"① 关于这句话的理解有很多，总体上有这样三种理解：一是学费说。即凡是自愿交了一捆干肉作为见面礼的，我从来没有不给教诲的。这里的"束修"指干肉。② 二是礼仪说。即凡是年满十五岁以上自愿学习的，我没有不给予教诲的。这里的"行束修"是指古代男子十五岁入大学所行的礼。③ 三是规范说。即凡是能够进行自我约束又上进向学的人，我从来没有不教的。这里的"自行束修"是自我约束、自行检点的意思。④ 这三种说法好像都自成一说，且各有说辞。但我以为这三种解释都存在偏颇。原因在于，都没有客观地把握孔子人格的基本特征。通过对论语及与孔子相关资料的研究发现：一方面，孔子不是一个贪财的人，尤其是当财富的来源不正当的时候，孔子是深恶痛绝的，而且，在正义和道义面前可以舍弃财富。所以，单纯地把孔子的说辞理解为收学费，尽管这学费的标准按照鲍鹏山的说法实在是有点低⑤，但我依然觉得有违孔子"微言大义"以及通过教学来"弘道养正"的初衷与理想；但另一方面，孔子也不是一个毫不利己的人，他是有功利追求的，包括实现他的政治理想和利益追求。所以，当子贡问："（假如）这里有一块美玉，是把它收藏在柜子里呢？还是找一个识货的商人把它卖了？"孔子迫不及待地说："卖了吧，卖了吧，我一直在等识货的人呢。"⑥ 一副急于将自己的满腹才学"变现"为社会应用的功利主义心态跃然纸上。即使在孔子的理想追求中，也包含了对财富的

① 《论语·述而》。

② 文心工作室. 论语 [M]. 北京：中央编译出版社,2006:187.

③ 汲安庆. 享受教育：那些美丽的瞬间 [M]. 长春：东北师范大学出版社,2015:121.

④ 怀师文化编委会. 师道·南怀瑾"心要"[M]. 北京：国际文化出版公司,2015:72.

⑤ 汲安庆. 享受教育：那些美丽的瞬间 [M]. 长春：东北师范大学出版社,2015:121.

⑥ 《论语·子罕》中记载：子贡曰："有美玉于斯，韫椟而藏诸？求善贾而沽诸？"子曰："沽之哉，沽之哉！我待贾者也。"

追求，他说："富而可求也，虽执鞭之士，吾亦为之。"①并且认为，一个人在政治清明、道义畅行的情况下，还贫穷低贱，就是一种耻辱。②所以，单纯把孔子"开馆授徒"的心境与目标理解为对礼的追求或人才的看重，很可能歪曲了孔老先生的本来面目。事实上，向老师以"束修"的形式送一定的见面礼，一直是中国历朝历代的惯例，汉唐明清皆有记载，就在《礼记·少仪》中也有："其以乘壶酒、束修、一犬赐人。"汉代郑玄注："束脩，十脡脯也。"唐代孔颖达进一步注："束修，十脡脯也。酒、脯及犬皆可为礼也。"而且以"束修"为礼还并不是孔老夫子的创见，早在周朝时，人们就有以酒、束修及犬作为礼物相互赠送的习惯③。只不过孔老夫子以此作为学生谒见老师的"必备品"，后来又演变为学费，也应该包含有孔子劳动所得的意思。但，总起来看，孔子还是一个重"礼"胜过重"物"的人。当"去物违礼"时，他会果断舍弃财物，遵循礼仪。子贡曾经想去掉每月初一告祭祖庙的活羊。孔子说："子贡啊，你爱惜那只羊，可我却爱惜祭祀的礼。"④因此，我们认为，在孔子收学费的问题上，一方面有"礼"的尊重，另一方面又有"物"的追求。但礼是首要的，物是其次的。包括送物也是对礼的尊重。因而，才有"自行束修以上，吾未尝无诲焉"的告白。就是说，物的多少可依据条件自行决定，但礼的程序是一定要履行的。否则，就不构成师生关系，也没有义务给予教诲。所以，正确的理解应该是：凡是自愿履行了束修之礼的，我没有不给予教诲的。而一旦构成了这种关系，物不物的，学费交多交少，也就无所谓了，甚而至于还有要老师贴补的。《论语》载：公西赤要出使齐国，冉有替他母亲向孔子讨要一些粮食。孔子说："给一釜。"冉有请求再加一点，孔子说："再给一庾。"但冉有却自作主张给了他五秉。⑤"釜"为六斗四升，"庾"为二斗四升，"秉"为一百六十斗，五秉则为八百斗。也就是说，冉有的实际给出超过了孔子叮嘱的近一百倍。孔子知道这件事以后说：公西赤出使齐国，坐的是豪车，穿的是华服。我听说，君子只是

---

① 《论语·述而》。

② 《论语·泰伯》中记载："邦有道，贫且贱焉，耻也。"

③ 陈君慧. 中华酒典 [M]. 哈尔滨：黑龙江科学技术出版社，2013:84.

④ 《论语·八佾》中记载：子贡欲去告朔之饩羊，子曰："赐也！尔爱其羊，我爱其礼。"

⑤ 《论语·雍也》中记载：子华使于齐，冉子为其母请粟，子曰："与之釜。"请益，曰："与之庾。"冉子与之粟五秉。

周济有需要的人，而不是去给富人锦上添花。①言外之意是公西赤的待遇是不错的，给富足人的东西再多也无足轻重，如用这些东西周济穷人就能解决很迫切的问题。但孔子没有责备冉有，却利用这件事给弟子们又上了一回生动的道德伦理课。从这件事也可以看出，孔子对于学生是很关怀、很宽容的。完全没有敛财聚富、为富不仁的做派。相反，还有乐于与学生分享、关心和体恤民众的情怀。《论语》载：原宪给孔子当总管，孔子给他俸米九百，原宪推辞不要。孔子说："不要推辞。如果有多余，可以给你的邻里乡亲啊！"②在这里，给大家呈现的是一个活生生的有原则、懂情感、讲义道的大众好人形象，也从而使先秦儒家的教化根基深深地扎入大众平民之中，为后世的平民化教育奠定了坚实的基础。

第三，先秦儒家鼓励勤学尚思。

勤学尚思是先秦儒家倡导学习的主要内容。先秦儒家认为，依据人的学习禀赋，可以分为四种情况的人：一是生而知之者，二是学而知之者，三是困而学之者，四是困而不学者。③因为"唯上知与下愚不移"④。所以，孔子在四种人中基本上是持忽略和抑制前后两种人的态度。在他的理论中，充满着对于"学而知之"和"困而学之"的欣赏与鼓励。在孔子看来，一个人的先天条件不足是没有问题的，可以通过后天的努力来弥补。他坦承："我非生而知之者，好古，敏以求之者也。"⑤认为一个人能力和学思的取得关键在于："敏而好学，不耻下问。"并谦逊地指出："十室之邑，必有忠信如丘者焉，不如丘之好学也。"⑥告诉人们："学而不思则罔，思而不学则殆。"要保持良好的学习效果，就必须"学而时习之"，要求"君子博学于文，约之以礼"⑦，并以辩证的眼光论述了学习的重要性及其与其他问题的关系，提出："好仁不好学，其蔽也愚；好知不好学，其蔽也荡；好信不好学，

---

① 《论语·雍也》中记载：子曰："赤之适齐也，乘肥马，衣轻裘。吾闻之也，君子周急不继富。"

② 《论语·雍也》中记载：原思为之宰，与之粟九百，辞。子曰："毋，以与尔邻里乡党乎！"

③ 《论语·季氏》中记载：孔子曰："生而知之者，上也；学而知之者，次也；困而学之，又其次也；困而不学，民斯为下矣。"

④ 《论语·阳货》。

⑤ 《论语·述而》。

⑥ 《论语·公冶长》。

⑦ 《论语·雍也》。

其蔽也贼；好直不好学，其蔽也绞；好勇不好学，其蔽也乱；好刚不好学，其蔽也狂。"①

"尚思"的意思也有两层：一是独立思考；二是善于思考。诗云："自西自东，自南自北，无思不服。"②既说明思想的重要性，也说明思考的重要性。孔子对此有他独到的认识，他提出："有弗思，思之弗得，弗措也。"③并认为："君子有九思：视思明，听思聪，色思温，貌思恭，言思忠，事思敬，疑思问，忿思难，见得思义。"④从中我们可以看出，孔子的思考不是胡思乱想，而是有逻辑的思考，是由此及彼的探索和认识。他将成功的秘诀归结于五个要素："博学之，审问之，慎思之，明辨之，笃行之。"⑤"思"是其中非常关键的要素。他认为一个人能够"日新"且"日日新"的最好途径是"见贤思齐焉，见不贤而内自省也"。⑥为此，他曾有感而发地说："吾与回言终日，不违如愚。退而省其私，亦足以发。回也，不愚。"⑦对于学生思虑的成效，他总是倍加赞赏与鼓励。他曾夸赞"由画思礼"的子夏说："起予者商也，始可与言《诗》已矣。"⑧肯定以"居敬行简"代替"居简行简"的仲弓说："雍之言然。"⑨感慨平时少言寡语而关键时候能说中要害的闵子骞说："夫人不言，言必有中。"⑩

对于"思"与"学"的关系，孔子是这样表述的："学而不思则罔，思而不学则殆。"两者是互为因果、互相促进的。但，总体上来说，学是首要的、第一位的。因此，他曾说："吾尝终日不食，终夜不寝，以思，无益，不如学也。"⑪对于季文子三思而后行。子闻之，曰："再，

---

① 基本含义为：爱好仁德而不爱好学习，它的弊病是受人愚弄；爱好智慧而不爱好学习，它的弊病是行为放荡；爱好诚信而不爱好学习，它的弊病是危害亲人；爱好直率却不爱好学习，它的弊病是说话尖刻；爱好勇敢却不爱好学习，它的弊病是犯上作乱；爱好刚强却不爱好学习，它的弊病是狂妄自大。

② 《诗经·大雅·文王之什·文王有声》。

③ 《中庸（第二十章）》。

④ 《论语·季氏》。

⑤ 《中庸（第二十章）》。

⑥ 《论语·里仁》。

⑦ 《论语·为政》。

⑧ 《论语·八佾》。

⑨ 《论语·雍也》。

⑩ 《论语·先进》。

⑪ 《论语·卫灵公》。

斯可矣。"① 认为"思"要有一个合理的度，要以"学"为基础。否则，同样会陷入"罔"。通过这种"思"与"学"的辩证关系，学生的思维和智慧得到了极大的开发和启迪，也使孔子培养出了一大批杰出的学生。我们通常将孔子捧为中国传统文化的宗师。然而，试想一想，如果没有孔子的这些杰出学生，我们今天得见的肯定就不是儒家传统了。当然，从历史的辩证法来看，没有儒家传统未见得中国就讨不到好出路。但至少有一条，从当时已经发育成形的道、墨、法、阴阳、名辨学等而言，比之儒家学说好不到哪里去。

③先秦儒家制定了实用的人才培养体系

关于先秦儒家的人才培养体系问题，世人多有争议。有人主张是：文、行、忠、信；有人主张是：德行、言语、政事和文学；也有人主张是：志道、据德、依仁、游艺；还有人主张是：诗、书、礼、易、乐、春秋；等。编者认为，整个先秦儒家都还是平民教育的起始阶段，尚处于探索和萌芽时期，不可能有完整的人才培养体系。但，孔子作为教育大家，作为一个有志向、有抱负的"克己复礼"先锋，尚又有夏、商、周历代官学培养模式作参考，没有基本的培养思路肯定也是说不过去的。因此，综合各种理论与逻辑，编者认为，先秦儒家的人才培养体系，就其顶层设计而言，应该是：仁、义、礼、智。尽管作为理论体系是由孟子提出，但，其基本内容在孔子已作铺垫，在孟子基本成型。它相当于我们现代教育中"德、智、体、美、劳"的人才培养总体目标。接下来是：文、行、忠、信。它是人才培养的素质和能力要求，相当于现代人才培养计划中的素质与能力要求。再接下来就是六艺：礼、乐、射、御、书、数。这些就相当于我们现代教育的课程。其余都只是在这一培养体系之下的追求目标的延伸和结果的所得。重点还是落脚在"六艺"。但，最早的"六艺"是从周朝沿袭下来的，据《周礼·保氏》称："养国子以道，乃教之六艺：一曰五礼，二曰六乐，三曰五射，四曰五驭，五曰六书，六曰九数。"礼，即礼节。"五礼"指的是吉礼、凶礼、军礼、宾礼和嘉礼；乐，即音乐。"六乐"指的是云门、大成、大韶、大夏、大濩和大武等古乐；射，即射箭。"五射"指的是五种具体的箭法，分别为白矢、参连、剡注、襄尺和井仪；御，即驾驭马车。"五驭（御）"指的是五种具体的驾车技艺。分别为鸣和鸾、逐水曲、过君表、舞交衢和逐禽左；书，包括识字和书法。"六书"指的

---

① 《论语·公冶长》。

是象形、指事、会意、形声、转注和假借；数，即算术。"九数"指的是九九乘法表。①可以看出，这些内容都是培养学生专门能力和技巧的课程，缺乏对学生理想情操和综合素养的培养。因此，在此基础上，孔子对周朝遗留下来的课程进行了改造，从而形成了诗、书、礼、易、乐、春秋新的"六艺"。其中，"诗"是指《诗经》。传说《诗经》古本有三千篇，经孔子整理后留存三百零五篇，有"诗三百"之称，分"风、雅、颂"三部分；"书"指《尚书》。是中国最古老的一部史料总集，上自尧舜，下至春秋初期。相传孔子共搜访到三千多篇，他去其虚妄，删其重复，将余下的百篇编纂成书；"礼"为必须学习的各种礼制。秦始皇焚书后，"礼"的全文已不传世，汉代只剩"三礼"之一的《仪礼》十七篇，分为冠婚、朝聘、丧祭、射乡等四类。"乐"指当时的音乐作品。孔子应该是对周朝的"乐"进行过修编，他曾评价说：《韶》"尽美矣，又尽善也"。《武》"尽美矣，未尽善也"。②但由于一直以来，人们从来没有看到过"乐"。所以，有人怀疑是秦始皇焚书时烧绝，也有人怀疑"乐"存在的真实性。但我们认为，从孔子"兴于诗，立于礼，成于乐"③"事不成则礼乐不兴，礼乐不兴则刑罚不中，刑罚不中，则民无所措手足"④"文之以礼乐，亦可以为成人"⑤等对"乐"的重要性的认识，与"闻《韶》，三月不知肉味"⑥的深刻感受，以及"吾自卫反鲁，然后乐正，雅颂各得其所"⑦的工作陈述等，可以肯定，孔子应该编纂有"乐"；"易"本是一部占卜的书，由阴阳组成八卦，两两相叠，又构成64卦和384卦，孔子十分喜欢这部书，曾经读到"韦编三绝"的地步。他为"易"作了传，摈弃了其卜筮内容和神秘色彩，将其作为哲学和政治伦理思想来传授，使《易》成为儒家的一部经典著作；"春秋"是迄今流传下来的第一部编年史，由孔子依据鲁国史官所编《春秋》整理而成，记载了从鲁隐公元年（前722年）到鲁哀公十四年（前481年）共242年的

① 芳园.国学知识一本全·分门别类介绍传统国学文化（耀世典藏版）[M].天津：天津人民出版社,2015:47.
② 《论语·八佾》。
③ 《论语·泰伯》。
④ 《论语·子路》。
⑤ 《论语·宪问》。
⑥ 《论语·述而》。
⑦ 《论语·子罕》。

大事。由于有"正名分""寓褒贬""明善恶"的价值取向和写作要求，使《春秋》成为历朝历代以史为鉴、培养政治道德观点的经典教材。后人在此六种著述的基础上进行反复加工，最终使"六艺"成为"六经"。"经"和"艺"的差别，按照马一浮先生的总结，"一是艺能，一是道术"，即如果先秦儒家时代的"六艺"尚属"操作性手册"的话，加工以后的"六经"就已经成为"学术性专著"了。关于"六艺"的作用，按照孔子的说法：

> 《礼》以节人，《乐》以发和，《书》以道事，《诗》以达意，《易》以神化，《春秋》以义。①

> 入其国，其教可知也。其为人也，温柔敦厚，《诗》教也；疏通知远，《书》教也；广博易良，《乐》教也；洁静精微，《易》教也；恭俭庄敬，《礼》教也；属辞比事，《春秋》教也。故《诗》之失愚，《书》之失诬，《乐》之失奢，《易》之失贼，《礼》之失烦，《春秋》之失乱。其为人也，温柔敦厚而不愚，则深于《诗》者也；疏通知远而不诬，则深于《书》者也；广博易良而不奢，则深于《乐》者也；洁静精微而不贼，则深于《易》者也；恭俭庄敬而不烦，则深于《礼》者也；属辞比事而不乱，则深于《春秋》者也。②

而这还只是宏观上的作用，落实到微观，其作用则更其广阔、深远。以《诗》为例，孔子说："《诗》可以兴，可以观，可以群，可以怨；迩之事父，远之事君；多识于鸟兽草木之名。"③ 即：诗可以激发人的情志，提高观察力，增强合群性，舒畅忧怨感；近可以侍奉父母，远可以伺候君主，还可以知道很多鸟兽草木的名称。那么，《诗》是如何实现这些功能的呢？

首先，古人写诗的手法有三种：赋、比、兴。按照东汉郑众的说法："兴者，托事于物。"④ 即将人的情感、志向寓含在所咏之物中；郑玄也注："兴者，以善物喻善事。"即用美好事物的物象来比喻人世间美好的事情。同时，"诗言志，歌永言"⑤ 也是古诗的立意与追求，

① 《史记·滑稽列传》。

② 徐生．四库全书·文白对照（第七十八卷）[M]．呼和浩特：远方出版社，2008：74．

③ 《论语·阳货》。

④ [南朝·梁]刘勰．文心雕龙注释[M]．周振甫注，北京：人民文学出版社，1981：394．

⑤ 《尚书·尧典》。

因此有"诗者，志之所在也，在心为志，发言为诗"①的说法，正维如此，《诗经》中的诗大多是有感而发，让人读后如同身临其境、感同身受，产生共鸣，从而激发人的意志和情感，所以《诗》"可以兴"。

其次，由于《诗经》中的诗多为专职人员的"采风"所得，所以，是当时生活状况、民俗风情、政治得失、自然景观的综合反映，通过读诗可以明了景况、追溯缘由、得到真相和进行甄别，增长人的阅历，提高观察能力，故郑玄有"观风俗之盛衰"、朱熹有"考见得失"的总结。至于孔子的观后所得，则尤其深刻。据《孔丛子》记载：

孔子读《诗》及《小雅》，喟然而叹曰：吾于《周南》《召南》，见周道之所以盛也；于《柏舟》，见匹夫执志之不可易也；于《淇奥》，见学之可以为君子也；于《考槃》，见遁世之士而不闷也；于《木瓜》，见苞苴之礼行也；于《缁衣》，见好贤之心至也；于《鸡鸣》，见古之君子不忘其敬也；于《伐檀》，见贤者之先事后食也；于《蟋蟀》，见陶唐俭德之大也；于《下泉》，见乱世之思明君也；于《七月》，见豳公之所造周也；于《东山》，见周公之先公而后私也；于《狼跋》，见周公之远志所以为圣也；于《鹿鸣》，见君臣之有礼也；于《彤弓》，见有功之必报也；于《羔羊》，见善政之有应也；于《节南山》，见忠臣之忧世也；于《蓼莪》，见孝子之思养也；于《楚茨》，见孝子之思祭也；于《裳裳者华》，见古之贤者世保其禄也；于《采菽》，见古之明王所以敬诸侯也。②

所以，孔子才会言不由衷地道出：《诗》"可以观"。

再次，先秦儒家对"群"的认识主要基于两个方面：一是"群"是人区别于其他动物的重大标志。荀子曰："人力不如牛，走不如马，而牛马为用，何也？曰：人能群，而彼不能群也。"③所以，人的这种团结协作、相互促进的特质一直都是古人所看重和追求的。二是"群"是人们沟通情感、增进友谊，构建和谐社会，从而促进社会进步和发展的关键因素。"故不仁爱则不能群，不能群则不胜物，不胜物则养不足。"④因而儒家提出："大道之行也，天下为公。……故人不独亲其亲，不独子其子。使老有所终，壮有所用，幼有

① 《毛诗·关雎序》。
② 《孔丛子·记义第三》。
③ 《荀子·王制》。
④ 《汉书·刑法志》。

所长，鳏寡孤独废疾者，皆有所养。男有分，妇有归。货恶其弃于地也，不必藏于己，力恶其不出于身也，不必为己"①的"大同"理想。而从诗中可以忘忧、可以去愤、可以抑私，可以促进人们的相互理解与关爱。所以，《诗》"可以群"。

第四，"怨是一种报复性的情感，它是由对某种事物感到不满或因受到伤害而引起的。"b《淮南子·本经训》云："人之性，有侵犯则怒，怒则血充，血充则气激，气激则发怒，发怒则有所释憾矣。"人们生活在自然与社会交错作用的环境中，总会存在对立面，总会遇到挫折与打击，尤其是在王权禁锢的统治下，会有许多的压抑和剥削，也会让老百姓积累很多怨气。这些怨气"如果得不到及时的宣泄，就会在某一个时刻某一个火候爆发，从而导致不稳定的因素"c。历史上的许多重大事件都是这一原因的后果。就连孔子也反对"以德报怨"，主张"以直报怨"d，使当事人的情绪有一个合理的宣泄，从而达到心性平和。而"止怒莫若诗，去忧莫若乐"。e所以，历史上的很多仁人志士都是通过诗来讽刺世道的阴暗，抒发心中的不平。因此，《诗》"可以怨"。

正因为《诗》可以兴，可以观，可以群，可以怨，因而可以激发人们忧国爱家的情怀，可以增进人的阅历、提高人的修养，可以增强人们团结协作、尊敬友爱的互助精神，可以让人们发泄愤懑、舒缓情绪，保持愉悦畅快的良好心情。所以，多读《诗》、读好《诗》可以做到"迩之事父，远之事君"。

最后，由于《诗》采用的赋、比、兴的写作手法，因此，借喻、描摹、比拟的鸟兽花草树木很多，如关雎、黄鸟、晨风、桑扈、雀、鹊、鸠、燕子、雉鸡、鸳鸯、鸿雁、鹤、鹑、鸤鸠、鸥鹥、鸧、鼠、麟、狐、兔、卢、狼、鹿、螽斯、阜螽、蟋蟀、蝒蛸、蜉蝣等鸟兽；葛、覃、卷耳、蒹葭、麻、芣苢、蘩、蕨、薇、萧、莪、苣、匏、茨、糁木、樗、桃树、甘棠、梅、麇、桑、芄兰、木瓜、黍、稷、菲、扶苏、檀、枢、椒、杜、苓、栎、扮、杨、柳、

---

① 《礼记·礼运》。

② 唐雄山，方军，王昕，甘燕飞，王伟勤.现代管理学原理[M].北京：中国铁道出版社，2015:27.

③ 陶继新.名校解码：陶继新对话名校长[M].上海：华东师范大学出版社，2009:222.

④ 《论语·宪问》。

⑤ 《管子·内业》。

荵楚等花草。有人统计，《诗》中记载的动、植物多达 250 余种。a 所以，读《诗》能"多识鸟兽草木之名"。然而，按照钱穆先生的解读，"读诗多识"的意义还不仅此。他说：

> 诗尚比兴，多就眼前事物，比类而相通，感发而兴起。故学于诗，对天地间鸟兽草木之名多能熟识，此小言之也。若大言之，则俯仰之间，万物一体，鸢飞鱼跃，道无不在，可以渐跻于化境，而岂止多识其名而已哉。孔子教人多识于鸟兽草木之名者，乃所以广大其心，导达其仁，诗教本于性情，不徒务于多识也。②

这还仅仅是《诗》的作用。其他"学科"均有类似的表现。可见，先秦儒家之学为实学，先秦儒家的人才培养体系具有"夯实基础，突出能力，注重素养"等鲜明特征和优点。

（2）先秦儒家认同和倡导社会功利理想

"义利之说，乃儒者第一义。"③ 这是朱熹在评价儒家义利观时的基本认识，也成为古今中外人们对儒家的总体印象。也就是说，儒家在明确自己的身份之前、履行自己的职责之前，以及规划和落实自己的社会理想之前，"义"和"利"是一道绕不开，且首先就要面对的门槛，只有跨过去，站得稳、行得正、坐得住，才能算"升堂入室"的"君子儒"，否则，就算不得儒者，最多也就是"小人儒"。这似乎已成为千百年来人们对儒家的定论。而其最终的结论就是：儒家重义理而轻功利。然而，通过对先秦儒家义理思想的系统全面研究发现，先秦儒家是有功利追求的，只是先秦儒家的这种功利追求与秦汉后儒有显著差异。这种差异体现在：先秦儒家基本上定格在"重义理而次功利"的层面，而秦汉后儒则主要呈现在"重义理而轻功利"和"重义理而鄙功利"等局限中。所谓重义理而次功利，即是指将义理放在首位而将功利放在其次。不是不重功利，认为功利同样很重要，但再重要没有义理重要。所以，在先秦儒家看来，义理是第一位的，功利是第二位的。与秦汉后儒轻视义理和鄙弃义理有本质区别。

---

① 中华文化通志编委会 . 中华文化通志 63 · 第七典科学技术 · 农学与生物学志 [M]. 上海：上海人民出版社，2010：266。

② 钱穆 . 论语新解 [M]. 上海：三联书店，2002：451—452.

③ 《朱子文集（卷二十四）· 与延平李先生书》。

二、秦汉后儒的人本主张与社会理想的变迁

由于社会制度的变迁、儒学地位的改变，以及维护统治集团利益的需要，秦汉以后的儒家人本主张与社会理想发生了明显的变迁。

（一）秦汉后儒对人的设定存在单一性和从属性

前述我们提到，先秦儒家对人的设定具有多元性，即存在各种各样的人，在孔子看来就是有庸人、士人、君子、贤人和圣人，而且每一类型的人其存在都有其必要性和合理性。但，自秦汉后儒肇始，人已经是单一的人和从属的人。

作为单一的人，自秦汉后儒起始，人就只有"圣人"。尽管没有人直截了当地说，但，事实已然如此。如果说秦朝因为"焚书坑儒"的缘故而"不知有儒""不敢为儒"，而致使原儒精神尽失的话。那么，从汉代开始，由于董仲舒"罢黜百家，独尊儒术"局面的形成，"崇经、尊圣、明道"成为儒家精神的核心思想和指导方针。而所谓"崇经"，按照班固的解释："经，常也，有五常之道，故曰'五经'。"① 而当时的"五经"即是后人加工而后的：《诗》《书》《礼》《易》《春秋》。据两汉之际的扬雄声称："舍五经而济乎道者，末矣。"② 所谓"尊圣"，即是信奉儒家先师，即孔孟。所谓"明道"，即是指学习、继承并发扬儒家经典。由于"道是通过圣人的经典得以阐释，而圣人则是假以经典来弘扬道义"③，所以，"崇经、尊圣、明道"实际上就是推崇、信奉圣人。此风一开，尊圣、崇圣便成为社会理想和大众时尚。汉武帝聘孔子十二代孙孔延年为五经博士；元帝赐十三代孙孔霸爵关内侯，食邑八百户，用以奉祀孔子；汉平帝时，追谥孔子为"褒成宣尼公"，开了朝廷封谥之端；十六代孙孔均被封为褒成侯，食邑增至二千户。孔子以及儒学的地位得到空前的提升。于是社会倡导、个人追求和群体助推的都只是圣人。尽管也有君子、贤人的渲染，但总体上与圣人都属"英雄"一系，其普通者为君子，"其杰出者则为贤人，最杰出者为圣人"④，至于"英雄"以外的人是视而不见的。即使有人看到了这一群体，如扬雄、韩愈、柳宗元等，

---

① 《白虎通义·五经》

② 《太史公自序》

③ 《刘勰.文心雕龙·原道》中记载："道沿圣以垂文，圣因文以明道。"

④ 吕梅，梁卫坤，关月红.聆听智者的声音：香山讲坛演讲录（第四辑）[M].北京：国家图书馆出版社，2013:241.

将人分为"圣人、贤人与众人"。但，其一，这些人是有天资禀赋和成长渊源的，即所谓"圣自圣，贤自贤，众人自众人"①，其二，"众人"依然受到冷遇和歧视。柳宗元坚持孔子"唯上知与下愚不移"②的观点，"认为教育就是要把'有贤人之资'的'中人以上'的人，培养成为'内可以守，外可以行其道'的贤者。"③言外之意是"众人"可以放任自流。扬雄则直截了当地说："贪图富贵苟生的众人恶多善少，往往流于放纵情欲的'禽门'；笃行礼义的贤人善多恶少，则进入合于礼义的'人门'；能够如神明一般契合道德的圣人善极多恶绝少，就会升入'圣门'。"④可见，尽管是将广大老百姓划分为"众人"，但实际上连人都不是。即使是具有反叛精神的"魏晋贤人"阮籍也"试图利用'和乐'精神来过滤人的主观欲望，以此达到修炼成圣、自由超越的圣人境界"⑤，而嵇康则是希望"以'和声'作为修炼成圣的方法"⑥。韩愈也发表："如古之无圣人，人之类灭久矣"、"圣人不世出，贤人不时出，千百岁之间傥有焉"⑦的慨叹。有人在评价朱熹四书学时指出："朱熹四书学的一项重要成就，就是在接续理学前辈周、程等对圣人看法的基础上，详细分析了圣人人格超凡和入俗两个向度的特质，创造性地揭示了至圣和偏圣的差别，并剖析了圣王、圣师、圣徒人格，是儒家圣人思想的一次总结，深刻影响了后世的圣人思想。"⑧康有为更是活在"圣人"的怀思中，他不仅从小就有"圣人意识"，而且一直"都是以圣贤作为目标"，并"以圣人自居"⑨。而理学大师程颐关于"言学便以道为志，言人便以

---

① 孙云龙，张玉阁，闫海，宋香谒. 中国教育管理思想史 [M]. 大连：东北财经大学出版社，2014:182.

② 《论语·阳货》。

③ 孙培青. 中国教育史 [M]. 上海：华东师范大学出版社，2000:183.

④ 黄开国. 儒家人性与伦理新论 [M]. 西安：陕西人民出版社，2006:334.

⑤ 王维. "无中生有"与"心声合一"：魏晋与晚明时期的士人乐论思想研究 [M]. 哈尔滨：黑龙江大学出版社，2014:149.

⑥ 王维. "无中生有"与"心声合一"：魏晋与晚明时期的士人乐论思想研究 [M]. 哈尔滨：黑龙江大学出版社，2014:150.

⑦ 刘扬忠，蒋寅，谢恩炜. 唐代的文学精神 [M]. 石家庄：河北教育出版社，2014:225.

⑧ 王大千. 中国儒学年鉴 · 2011 年（总第十一卷）[M]. 济南：中国儒学年鉴社，2011:95.

⑨ 李训贵，宋婕. 城市国学讲坛（第七辑）[M]. 北京：社会科学文献出版社，2014:233.

圣为志"①、"君子之学必至圣人而后已。不至圣人而后已，皆自弃也"②的表白应该是代表了千千万万儒学士子的心声。

作为从属的人，自秦汉后儒起始，人是没有灵魂的人。董仲舒是这一问题的始作俑者。他说："天命成败圣人知之；有所不能救，命矣夫。"③意思是说，你的成败祸福早就由天注定，圣人也早已知道，但圣人也无法改变结局。在这里，你突然才发现，被你追崇、忙活了许久的圣人，原来仅仅是一个"快递哥"！也几乎是从这个时候起，思想的快递业悄然兴起。与现代物质快递不同的是，它的兴起并不是由于思想丰富、人们需求旺盛的结果，相反，它是思想垄断、禁锢、纯粹的结果，只允许人们信奉、接受和传播所谓"正统儒学"的思想和观点，排挤、打压和扼杀其他思想和观点。并用灾异、祥瑞等神秘主义色彩精心包装和粉饰，不仅让人们发现不了它的问题与用心，即使是偶尔发现也已身陷其中。正如有人所评价的，"中国人学史上的神秘主义天人感应论、福善祸淫的天道观、生死富贵的天命论以及休符祥瑞的风水迷信等思想，均可从汉代董仲舒的神学目的论中找到根源。"有了这样一个开端，加之封建王权两千余年的反复延绵，人与天的关系也就一泻千里，无法止步。董仲舒说："人副天数"④，"认为人是天的缩影和副本，人体的一切可与天数对应"；刘向说："法天之行"，认为人主既然受命于天，所以，必须按照天意行事；张载说："天人合一"⑤，认为人性与天道是合一而存，"诚"是天道的德性规定，"明"是人性的知性追求，"天人异用，不足以言诚；天人异知，不足以尽明"⑥。所以，"儒者则因明致诚，因诚致明，故天人合一"⑦；程颢、程颐说："天人本无二。"认为"人和天地，一物也""仁者以天地万物为一体"；朱熹说："天人相通。"认为理与气合则生人，体现于人中之"理"就是人之"性"，故人性中之道德意识皆禀受于"天理"——禀受于天地万物之本，故人

---

① 《河南程氏遗书（卷十八）》。

② 《河南程氏遗书（卷二十五）》。

③ 《春秋繁露·随本消息》。

④ 《董仲舒．春秋繁露》。

⑤ 《正蒙·诚明》。

⑥ 《正蒙·诚明》。

⑦ 《正蒙·诚明》。

与天通；等等。凡此种种，我们发现，无论是董仲舒眼里的人，还是刘向、二程及朱熹眼里的人，都已经是没有独立人格而受制于天的人。

（二）秦汉后儒关注的是抽象的人

与先秦儒家关注具体的人不同，秦汉后儒关注的主要是抽象的人。这种抽象性主要体现在：

（1）秦汉后儒眼里只有"神"没有"人"

由前文可知，秦汉后儒眼里只有单一的人，而这单一的人还是从属于天的人。这种从属性的特征就决定了人已经不属于人自身，而只是神的附庸和工具。所以，在秦汉后儒看来，不管是君子、圣贤，还是普通人，不管赋予其多大的职分和使命，他的背后始终都有一个无法逾越的神，就如同孙悟空跳不出如来佛的手掌心一样，他们眼里的人要么是匍匐在神权下无法动弹的"下民"，要么是俯首帖耳、恭敬从事的"中人"，最多就是代天行事的圣人，君主也不例外。如董仲舒提出："人之为人，本于天，天亦人之曾祖父也，此人之所以上类天也"[①]，而天是至高无上的权威，是"万物之祖"、"百神大君"，是一切事物的终极根源，人只有通过观天意才能明天理。可见，在董仲舒的观念中，尽管人存在"圣人"、"中民"和"斗屑之民"的差别，但在神面前都是无能为力的。魏晋名士何晏、王弼将人分为"上、中、下"三个等级，上等人即圣人，下等人即凡人，提出"圣人无情""凡人任性"的观点，表面上看好似人是多元的、自主的，可以"神明"特达，"应物而无累于物"，但同时又强调"不能去自然之性"。即还是无法摆脱那个客观存在的自然宇宙。即使是自诩为"逍遥圣人"的"竹林贤士"们，亦承认"圣人"不是法力无边的"神人"，"逍遥"也不是妄自而为的"游悠"，按照他们的话说，只有"必得其所待，然后逍遥"[②]；鉴于"圣权神授"的现实状况与思想羁绊，郭象还特别设计了"圣人自治"的"治理结构"，而其"自治"的前提则是"在尊崇无为圣王的旗帜下"。弄了半天，他所谓的"圣人"不过是"神仙"麾下、"圣王"帐中的一个傀儡。其后，唐宋元明基本上秉承的都是这一脉息，只是到了晚清，由于外敌入侵，西方思潮大量涌入，"神本"的根

---

①　《春秋繁露·为人者天》。

②　《庄子·逍遥游》。

基才得以动摇。但仍然交织在"人本"与"神本"的纠葛中。

（2）秦汉后儒眼里的"民"仅仅是象征意义的人

由于从上端而言，能与神进行沟通的圣人也只是神的傀儡，那么从下端而言，普通的"凡人"也就不可能有其自身。这种情形，不仅是社会现象上如此，在理论逻辑上更甚。其一，自秦王朝完成统一大业后的各朝各代，比战国春秋时期更有能力、有条件对广大人民群众进行专制统治；其二，为了更好地加强对广大人民群众的专制统治，需要让人民群众处在赤贫、从属和无能力的地位；其三，儒家成为专制统治的御用工具后，已经没有能力、没有动机为广大人民群众主张权利；其四，传统上对于人民群众的歧视习俗因专制统治的建立而变本加厉。所以，注定了此后的儒家不会从真正意义上关注人民群众的利益，自然，所谓的"民"也就只能是象征意义的人。即使是有人出于功利或义理的"民生"考虑，也因无法对阵士族阶层的鄙弃和统治集团的威压而显得苍白、委顿。贾谊算是善辩有识之儒，他的《过秦论》《论积贮疏》《陈政事疏》等都因其切近时弊、关注民利而唱响后世。然而，只要稍加留意就会发现，在他的满腔激情、满怀忧思的谏劝中，充满的是对"耕夫织女""氓隶之人"反叛潜力的担忧与恐惧，丝毫没有同情、敬畏、讴歌"民力""民智"的意思，更不会有改善"民生""民权"的谋划与对策。王符是东汉时期著名的民本主义思想家，他针对东汉王朝严重的政治危局，提出"民为国基"①的政治主张，认为"国之所以为国者，以有民也；民之所以为民者，以有谷也；谷之所以丰殖者，以有人功也；功之所以能建者，以日力也。治国之日舒以长，故其民闲暇而力有余；乱国之日促以短，故其民困而力不足。"②进而提出："为国者以富民为本"③的理政见解，认为富民是治国的根本，民富了才可以教化，民贫了就会背离善道，并在此基础上提出"以农桑为本，以游业为末""致用为本，以巧饰为末""以通货为本，以鬻奇为末"等一系列"富民"的具体措施。只可惜"繁花锁在深闺中，得遇相知满地残"。王符由于嫉愤时弊，终身不仕，又怠于抛头露面，只以"潜夫"名义写就三十六篇谏文，且大多都不曾面世，世人知之者

---

① 《潜夫论笺校正·叙录》。

② 《潜夫论笺校正·爱日》。

③ 《潜夫论·务本》。

甚少，更不可能为统治阶级所采用，"直到《隋书·经籍志》才列入了目录"①。也就是说，他从东汉末年"潜水"一直到唐朝贞观年间才冒了一个泡，这"潜夫"的名号也的确名副其实，而其所谓"为民请命""为民安顿"的所有"民本"主张也不过是一纸空文。唐代应该是最有"民本"基础，也最能"为民主张"的时期。因为，唐朝皇帝李世民就是一位深谙"载舟覆舟"之理、"顺兴逆废"之道的开明皇帝。然而，在唐朝近三百年的时间里，只呈现了魏征、杜佑、陆贽、韩愈、李翱、刘禹锡、柳宗元等寥寥可数的几位"民本"主义思想家，按照容肇祖先生的话说："唐代的思想家，在儒家、道家中找不出什么特出的人才了，而重要的人物，倒在佛教里出现的颇多。"②而尤为值得注意的是，其"民本"的主张和旨趣也并不比其他朝代要高。无一例外地都局限在"唯统治而民本""因畏民而重民"的老套中，其对"民"的认识和理解也如同韩愈、柳宗元一样，是"三品"中"生来五种德性都不全，情欲发作都过多或不及，故人性恶，而且不堪教化"之人。宋代儒家尽管为自己定有"为天地立心，为生民立命，为往圣继绝学，为万世开太平"③的誓约，也确有人看到"贫民无立锥之地,而富者田连阡陌"的社会现状，发出"民之大命,谷米也""治民必先定其居处，而后可使之乐业"的呐喊；司马光也提出了"富民""安民""养民""爱民"，切不可"扰民""劳民""伤民"，更不能与民为敌的主张；程颢、程颐则提出"以顺民心为本，以厚民生为本，以安而不扰为本"等要求；朱熹作为宋代最杰出的儒学大师，从"君民一体"的整体观出发，深刻地论述了"民富"与"君富"之间的辩证关系。指出"民的贫与富同君的贫与富彼此联系、相互制约，只有民富足了，君才能富足，如果夺民之财而富其君，那就如同竭泽而渔一样。"认为："天下国家之大务莫大于恤民"④；等等。呈现的好似是一场宋代大儒会集的"民生问题"专题研讨会乃至决策会。但仔细研究会发现，其实则不过是"儒者良心"甚或"职业道德"的一点装饰与表达而已，是无法当真与兑现的。因为，老百姓的疾苦一大堆，解决老百姓疾苦的理由也一大堆，利弊也一大堆，但当遇到"谁来解决、怎么解决、何时解决"这些关键问题时，大会"闭会"了。而尤为重要的是，

① 《大中国文化》丛书编委员. 大中国·历代哲学智慧 [M]. 北京：外文出版社, 2012:84.

② 莞城图书馆. 容肇祖全集·自传（哲学思想史卷）[M]. 济南：齐鲁书社, 2013:441.

③ 《张载集·近思录拾遗》。

④ 《庚子应诏封事·晦庵集（卷十一）（四库全书本）》。

在"会后"的那些"私人议论"中，张载是将人分为"圣""智""愚"三类，"禀气最清为圣贤，禀气浊些为常人，禀气最浊则为恶人、愚人"①。自然，老百姓只能属于第三类。同样，朱熹是将人分为四类："其中气秉最厚的人，能够直接通过道德教化使其自觉遵守儒家所提倡的伦理纲常的要求；气秉稍次者，必须通过礼仪的修养才能达到这一标准；再次者则必须通过政令的引导；而最次者则必须通过刑罚的惩戒才能使其养成知礼之心。"②毫无疑问，老百姓又只能属于"最次者"。以后的明清时期也大抵如此。儒家及君王一方面是切切实实地感受到老百姓的存在，老百姓对于政权稳定的影响与作用，但另一方面又是发自内心地轻视老百姓、鄙视老百姓。

（三）秦汉后儒重视人的道德能力

与先秦儒家重视人的实际能力不同，由于春秋战国时期言论与学术相对自由状况的结束，儒学成为"御用"工具后的身不由己，以及原儒进取精神的丧失，秦汉后儒逐渐转向对人的道德能力的关注。这种关注具体体现在：

（1）以"经学"为教学内容

先秦儒家是以"艺"为教学内容，从秦汉开始，儒家便以"经"为教学内容。关于"经"与"艺"的差异，前面我们曾经用马一浮先生的总结作过甄别，即是"艺能"与"道术"的差别。简言之，就是"技能"与"学问"之间的差异。显然，"技能"属应用型，而"学问"是理论型的，前者"实"，后者"虚"。而马一浮先生之所以不用"技能"而用"艺能"的原因，我们的揣测是很可能因为孔子将周朝"礼、乐、射、御、书、数"中的"射、御、数"三门技能性很强的学科去掉后，剩下的"礼、乐、书"加上添入的"诗、易、春秋"，工具性、操作性的"技能"学科已经没有了，取而代之的全是"文化课"。但鉴于"诗"中"兴、观、群、怨"及"事"与"多识"的"器官运动"，以及"书"中史料的知识性，"礼"的功能与应用性，"易"的"占取"与"玄变"奥妙，"乐"的弹唱与解析能力，"春秋"历史功过的认识、理解、评说与借鉴能力，等等。孔子时期的"文化课"依然具有很强的操作功能，培养的是"非工具性"能力，所以称之为"艺能"。但，无论

---

① 《正蒙·诚明篇》。

② 张彩凤，常光玮. 中国法律思想史 [M]. 北京：中国人民公安出版社，2012:198.

如何，培养的还是实际能力。而"经"的出现显然已经完全脱离了实际能力培养的范畴，而属于"素质教育"的范畴了。而且，这种素质教育比之于我们今天所强调的培养综合素养的素质教育有显著差异，它主要着力于道德层面的"人格理想"的培养与教育，即它不强调人的能力，反对任何功利，它只关注人的道德品格的高贵以及道德追求上忘我的努力与付出，即"义理"上的功果与成就。

今文学派认为"六经始于孔子"，我们认为这一说法是值得商榷的。其一是由"艺"至"经"需要有一个"进化"过程，就如同由实践而上升为理论一样，一切的理论体系都是在实践中长期应用并观察、总结的结果，孔子在对"诗、书、礼、易、乐、春秋"进行整理、编纂的基础上，又进行了理论的升华和"义理"的创辟，撇开认识水准不说，至少在时间、精力上是不可能的。其二是假如孔子确有"六经"的说法，那么，可以肯定，"此经"绝非秦汉之后攻于"义理"而摒弃"功利"的"彼经"。因为，前面我们也谈到，孔子是有"功利追求"和利益关注的。因此，"经"的进化历程始于战国，成于唐宋的说法比较准确。有研究表明，"六经"的说法始于战国末期，是孔门弟子及儒家后人整理加工孔子"六艺"以后的所得。[①] 秦始皇焚书坑儒以后，亡佚了《乐经》，从此就只有了"五经"；汉朝建立后，为了强化礼的作用以及考虑到《春秋》内容的不完备，遂将《礼》分解为《周礼》《仪礼》《礼记》，同时用《春秋公羊传》《春秋谷梁传》《春秋左氏传》替代原《春秋》，这样《诗》《书》《易》加上"三礼""三传"便成了"九经"；唐朝的时候又加进了《论语》《孝经》《尔雅》，于是，儒家经典便有了"十二经"；宋朝中叶，由于朱熹等对《孟子》的大力推崇，"十二经"便演变成了"十三经"，儒家正统的理论奠基便告完成。

然而，完成以后的儒家经典，比之于孔子的"六艺"来，不仅内容上"空虚"了许多，而且，形式上也简略了许多。因为，在孔子的"六艺"中，"礼"和"乐"可以算得上相对的"实学"，并在"六艺"中占据了重要的地位，其内容占到了整个内容的近二分之一[②]。可见孔子对于"礼""乐"的重视，这也和他关于"不知礼，无以立""兴于诗，

---

① 张积. 四书五经 [M]. 桂林：漓江出版社，2014:10.

② 据统计：《礼》17篇共计7.8万字，加上失传的《乐》，总计字数肯定超过10万字；而《诗》（3.7万字）、《书》（3.2万字）、《易》（2.4万字）、《春秋》（1.8万字）共计11.1万字。

立于礼，成于乐""君臣、上下、父子、兄弟，非礼不定"①的思想是分不开的。用贺昌群先生的话说，"大约言之，就学术之本质论，儒家以致治之隆，端在礼乐。"可惜的是，在"经学"化的儒家经典中，"五经"是仅存"礼"不见"乐"，而"四书"可以说是"礼""乐"俱无。因而，儒学也彻底走上了重"理"轻"能"，扬"道"抑"器"的道路。

（2）以"教条"为教学原则

与先秦儒家理论联系实际、具体问题具体分析的教学原则不同，秦汉后儒选择了一条截然相反的教学途径，就是"教条主义"的教学原则。包括将先秦儒家的教义经典化、神圣化，将教学内容规范化、刻板化，将教学方法单一化、模式化等等。"教条主义"教学的严重后果就是：

其一是"形成了圣贤崇拜的强大定势。一切以圣贤为法，非圣人之志不敢存，是非不谬于圣人。"②其结果是无论碰上什么情况都只能从"圣人"的经典中寻找答案。历朝历代的儒学弟子们自不必说，"言必谈圣贤，行必依先哲。圣人贤人没说过的，不能说；圣人贤人没做过的，不能做。"③明朝开国皇帝朱元璋甚至"没有建立起一套行之有效又具有充分的灵活性的行政制度，他给自己的继承者留下的，是一切以圣贤经传为准绳，以道德伦理为核心的治国原则"④。要是敢于质疑和非议圣贤、经典，轻则受罚，重则丧生，明代李卓吾因为不赞成"以孔子之是非为是非"，被加上"敢倡乱道，诬世惑民"的罪名而被迫害致死。

其二是形成了一切依赖先贤圣人的因循守旧心理。无论面对什么情况，碰上什么问题，都必须而且只能从先贤圣人的经典中寻求答案。读书要依赖圣贤之书的文字的启发，做学问只能以儒家经典为根本，"治理天下大事，只能依赖圣贤"⑤，程颐甚至"明确地主张人类依赖圣贤而生存"。因此，有人总结说："千百年来在中国人民中间普遍存在着依赖圣贤救民、治国的思想"。

---

① 《礼记·曲礼》。

② 刘加临. 忧国忧民的古代圣贤 [M]. 南昌：二十一世纪出版社,2015:94.

③ 程伟. 中国共产党思想理论教育的历史发展及其基本经验 [M]. 郑州：郑州大学出版社,2012:28.

④ 徐松巍，李凤飞，李朋. 权力中国历史（下册）[M]. 长春：吉林摄影出版社,2002:268.

⑤ ［清］纪昀. 阅微草堂笔记全鉴 [M]. 东篱子解译，北京：中国纺织出版社,2016:145.

　　其三是形成了强烈的诠释文化时尚。"诠释"是教条主义惯常的手段和基本前提。由于儒家经典"微言大义"的显著特征，其字、词、句意的阐述、诠释就成为首要、关键的环节。如果阐述、诠释准确、到位，就能对经典起到很好的推广、应用作用，从而达到"致良知"的教学效果；反之，如果阐述、诠释偏颇、隐晦乃至错误，就会误人害己。现代儒学的这种发展理路，就是对先秦儒学误读的重要后果。我们前面已经谈到，先秦儒学是有务实态度、功利精神和人文关照的，它具备了古希腊文明和文艺复兴精神的大部分潜质，但最终却偏离了这一轨道，走上了一条截然相反的道路。有人会问，假如先秦儒家的发展理路不偏离它"既定"的轨道，会不会同样产生古希腊文明和文艺复兴精神所带来的重大的科学结果，我们认为是值得怀疑的。关键在于，相比于古希腊文明而言，先秦儒家缺乏了一种毫无根据的"科学诱因"，即"粒子追索"——不断向下的"无穷小"的物质追索，这也是古希腊文明最大的成就和对世界最大的贡献。相对于文艺复兴而言，先秦儒家缺乏了一种先天缺失的"反叛精神"，即反叛传统、反叛权威，追求平等、自由的精神，这是文艺复兴最大的成就和贡献。西方现代文明就是这两种因素交织在一起的结果。试想一想，西方文明如果没有这两种因素的有机结合，其繁荣和富强的程度恐怕既超不出汉唐，也强不过宋明。而先秦儒家恰恰缺失的就是这两样东西。如果说务实求真是先秦儒家自身具有的重大特点的话，秦汉后儒又把这第三个重要的"法宝"弄丢了。但好在有一条，它总算继承并发扬了先秦儒家的另一样"法宝"，即基于"心性"的道德追求。它与现代基于法律、伦理、公共秩序或发展需要而确立的道德要求有本质区别，即它是由自身需要而非外部强求所产生的"信仰追求"。也正是这一长处及其所带来的丰硕成果，让中华民族屹立于世界文明之林。但，是不是恰恰也是秦汉后儒的这种"阴差阳错"成就了中华文明的"奇花异果"？回答是否定的。因为，秦汉后儒所取得的所有精神文明的成果都没有超出先秦儒家的预设和期待，而在秦汉后儒影响和推动下所取得的所有物质文明的成果，又似乎显得凋零而落寞。秦汉后儒的误读，主要体现在经典诠释上的两个重要方面：其一是"误解"，其二是"篡解"。

　　作为前者，自古以来，对于儒家经典的解读非常之多，对于同一典籍、同一章句、同一字词都会有各种不同的版本和说法，谁对谁错姑且不论，可以肯定的是其中一定有错。

所以，也就有一直以来，世代相传的"纠错"论家。有人提到："《孝经大全》中有很多处批评前人注解错误之处，其批评的对象，既包括了汉儒如郑玄，也包括了宋元诸儒如朱熹和吴澄、董鼎，而其中对朱熹批评尤多。"① 有人提到："儒家经典，读的注解错误得一塌糊涂。"也有人提到："经过近时对甲骨文的研究以后，现在大家都知道许慎许多字的定义是错误的。我们跟着许慎脚步时必须十分小心，提防陷入许慎曾经陷入过的许多陷坑。"还有人提到：儒家经典的"许多版本均存在着注解的错误②。"而且，其中不乏许慎、郑玄、王弼、朱熹等名家、大家。名家、大家尚且如此，苟读之人更不用说。

作为后者，自古以来，别有用心者也是比比皆是。有人曾经断言："从汉武帝起，儒家思想便被大君所御用，凡有利于野心家的行动，总是拿儒家的经典作幌子。"由于本课题研究所限，在此不讨论"野心家"们的恶意"篡解"。仅就"善意"的取舍与发挥而言，秦汉后儒走上"存天理灭人欲""饿死事极小，失节事极大"的极端义理主义路线，就严重地违背了孔子"束修以诲""待价而沽""执鞭求富"的基本立场，是对先秦儒家功利意志的阉割和义理精神的曲解。

（3）以单纯"义理"为教学目标

前面我们提到，先秦儒家是有功利意志和功利追求的。孔子说："富与贵，是人之所欲也。"③ 孟子说："欲贵者，人之同心也。"④ 荀子也说："夫贵为天子，富有天下，是人情之所同欲也。"⑤ 孔子还提出，只要条件允许，就要抓住机会。因此，"富而可求也，虽执鞭之士，吾亦为之。"并且自孔子开创了一条"学而优则仕"的功利途径，并强调："邦有道，贫且贱焉，耻也。"⑥ 可见，先秦儒家是不避利的。不仅不避，还主张"趋利"，如果在适当的条件下竟然得不到利，就是一种耻辱。只是先秦儒家设立了一条获利欲己的

---

① 刘增光．晚明《孝经》学研究 [M]．上海：上海古籍出版社，2015:216．

② 赵诣．认识老子采撷精华 [M]．北京：团结出版社，2015:209．

③ 《论语·里仁》。

④ 《孟子·告子上》。

⑤ 《荀子·荣辱》。

⑥ 《论语·泰伯》。

底线，孔子是说："见利思义。"①"义，然后取。"②孟子是说："非其义也，非其道也……
一介不以取诸人。"③荀子是说："君子……欲利不为所非。"④而且都有一个共同的理想
和追求，就是注重"民利"。

按理说，先秦儒家的功利思想既合乎情理，也合乎逻辑，还合乎需要，是过去、现在
和未来无论作为个体还是作为群体的基本道德准则和要求。但，到了秦汉后儒那里，"利"
忽然变成了让人讳莫如深、谈之色变的话题，人们与其说是在追求某种理想，不如说是为
了撇清某种关系。当然，秦汉后儒在"义"与"利"的问题上，也存在两种基本情形：

其一是重义理而轻功利。所谓重义理而轻功利，是指看重义理而忽视功利。它与先秦
儒家的重义理而次功利有着本质差异。"次"既含有重要性程度的不同，也含有先后次序
的不同。比如在"做饭"与"吃饭"二者的关系问题上，谁更重要？显然，仅就对身体的
重要性和事件的目的性而言，肯定是"吃饭"，但如果不做饭就没饭可吃的情况下，则"做
饭"无疑比"吃饭"更重要。秦汉后儒对功利的轻主要表现在：①过分强调义理而有意或
者无意地掩盖功利；②在形式或者理论上肯定功利但在实际中忽视功利；③关于义理和功
利的认识相互矛盾；④以社会功利取代个人功利。这一认识应该说贯穿于秦汉以后儒学的
主要过程

其二就是重义理而鄙功利。所谓重义理而鄙功利，是指单方面地看重义理而鄙弃功利。
这种情形应该说是起始于秦汉，但由于秦汉时期还处于春秋战国思想余脉的影响范围内，
因此，学究们对于儒家功利，尤其是"民本"功利的认识和落实还充满期待和激情，仍然
主张用"民利"来制约"君利"，用自由民主来取代专制暴行，许多儒生通过各种形式和
途径来抨击朝政，从而也就酿成了骇人听闻的"焚书坑儒"事件。就事件本身而言，在反
映统治者对言论权的控制的表象下，是对民主权益的肆无忌惮的践踏，对功利就不仅是"鄙"
而且是"戮"。也恰恰是秦始皇的这一暴行，加剧了秦王朝的灭亡。因而，在儒家的眼里，
功利特别是广大老百姓的利益仍然是维系政权稳定的基本保障。只是到了汉王朝，统治者

① 《论语·宪问》。

② 《论语·宪问》。

③ 《孟子·万章》。

④ 《荀子·不苟》。

在吸取秦灭亡的教训的同时，依然觉得王朝的利益才是主要的、绝对的。汉王朝的智慧就在于它自己不这么说，而是要儒家来说。儒家就从老百姓利益的主导者，突然变身为老百姓利益的抑制者，应该说儒士们的内心是挣扎的，这从董仲舒"去利崇义"与"义利两养"的矛盾心理中就可领略到。但到了宋明，随着程朱理学"天理人欲"理论的形成，儒家重义理而鄙功利的认识也就达到了巅峰。

三、总结

秦汉后儒在人的主体性、道德性及其本质属性上与先秦儒家的重大差异，一方面是严重偏离了先秦原儒的本自路径，使儒家基于"诚信道义"的"力本"主张和功利追求完全落空，从而也在一定程度上影响了中国社会的发展走势，加剧了中国社会脱离实际、漠视民生、侵害民权的现实状况。但，另一方面，秦汉后儒在偏离"力本"路径的同时，又在一定程度上坚持和强化了先秦儒家的"义本"追求，弘扬和拓展了先秦儒家"道上用功"的精神气质与文化内涵。

我们前面已经谈到，先秦儒家的民本思想中，除了"力本"的核心内容外，还具有"义本"的主张与追求。而且，这些主张与追求都较好地把握和呈现了"义本"的本来状况与要求，具有义与利、公与私、他与己之间的较好的平衡与稳定作用。这是先秦儒家对人本思想"义本"层面的最大贡献。但先秦儒家的这一思想，在理论逻辑和思想渊源上具有科学性、合理性的同时，在现实中却遇到了严重的阻力和困境，以至于孔子周游列国十余年，走遍了卫、曹、宋、齐、郑、晋、陈、蔡、楚等国，来宣传他的德性主张和义理追求时，竟然无人响应、空手而归；同样，当孟子秉承孔子的衣钵，历经宋、滕、魏、齐、梁等诸国倡导"仁义"治国时，依然是无功而返，最耐人寻味的是齐宣王一方面称赞孟子的话有道理，另一方面又明确地告诉他："我做不到，我有毛病。"[①]而梁惠王则面对孟子的诘问"顾左右而言他"[②]。这表明，理论的科学性是一回事，而它与实践结合的切合性、可行性是另一回事。实际上，先秦儒家关于"义理"的思想与主张在当时还不具备成熟的条件与土壤。这在一定程度上与柏拉图的《理想国》，傅立叶、欧文的"空想社会主义"

---

① 《孟子·梁惠王下》中记载："大哉言矣！寡人有疾"。

② 《孟子·梁惠王下》。

有相似的情形。这也印证了"在合适的时间、地点做合适的事情"的重要性。而究其原因，其一是春秋战国时期的生产力落后，再加上战乱不断，统治阶级既难以做到让老百姓充分地休养生息，更难以做到让老百姓富足安定；其二是统治阶级过惯了锦衣玉食、骄奢淫逸的生活，现在要他们"为国以礼"[1]"为政以德"[2]"节用而爱人"[3]，无疑是要他们洗心革面、重新做人，这既是他们不愿意的，也是他们做不到的；其三是物质财富的丰富与平等，是民主政治的前提与基础，民主就意味着分权，分权就意味着"自治"。尽管春秋战国时期的诸侯群起并不是民主制的体现，但诸侯王们各自为政、大夫篡权、家臣作乱、僭礼越制的事件比比皆是。所以，作为既得利益的主体，不可能放弃自己的利益而放任可能的群雄并起或个别人的做大做强；其四是无论"德""仁"还是"礼""智"，与经济利益的关系都显得十分遥远而且生疏，远没有掠夺和盘剥来得直接而痛快。因而，先秦儒家"义理"治国的主张尽管受到了许多诸侯王的"一致好评"，但无一例外地受到了冷遇和抵制。但恰恰相反的是，当秦汉后儒"去利而义""崇圣抑愚"的主张一出台，即受到了统治阶级的肯定和褒扬，并迅即得以在全社会落实和推广。究其原因也在于：一方面是它"克服"了先秦儒家利以天下、上下俱富的"弊端"，从根本上消除了因为财富对等可能带来的"资本革命"，实际上也就是消除了统治阶级潜在的竞争对手；另一方面，秦汉后儒用"仁义礼智""君子圣贤"的"虚空利益"作钓饵，诱使广大人民群众走上了一条永无止境，但又无法回头的"追贤崇圣"之路。这种手法，既给了广大人民群众精神上的寄托和思想上的去路，使绝大多数难以觉醒的民众都能够心甘情愿地接受统治阶级的统治和盘剥，又不会危害统治阶级的统治，是一举两得的好事情。因此，秦汉后儒在落实先秦儒家的"民本"宗旨这一"形而下"目标时，实际上选择的是一条"形而上"的道路。这条道路只有起点，没有终点，但却有无数人投入到这条道路的竞跑中。虽然大家都不知道终点在哪里、何日是尽头，但有五个方面的原因会促使越来越多的人不断地跑下去：第一，在这条道上竞跑的人非常多，能够激起人的斗志和勇气，能够克服人的疲劳和困顿；第二，只要努力就会有提升、有超越，就能使人获得成就感；第三，这场"马拉松"竞赛的主办者是社会强力，

① 《论语·先进》。
② 《论语·为政》。
③ 《论语·学而》。

它有许多的"奖项"和"奖品"，对人有无穷的诱惑和吸引力；第四，这场竞赛的观战者和崇拜者众多，能够极大地满足人的心理需求；第五，这是个人成就、社会认可的唯一途径，离开了这一途径，就会失去做人和做事的空间和价值。所以，中国历史上二千多年来不乏青年才俊、社会精英不屈地跑死在"孝廉""取仕""追贤""崇圣"的路途中。这条道路既能让所有参与者听从管理者、教育者的教育和管理，不断地提高他们的素养；同时，又使他们没有任何的实际资本与管理者、教育者相对抗。这就是儒家思想最终成为统治阶级御用工具，以及二千多年来改朝换代而儒学不倒的根本奥秘。秦汉后儒也就是通过这种方式不断地引领人们向上攀升，由凡人而至君子直至圣贤，让一代又一代的人们不断地作自我超越。儒学也最终完成了从理论到实践的转化和从"力本"而至"义本"的蜕变。

值得一提的是，儒学是有"道本"的追求与潜质的，尤其是在现代社会科学理性的导向与调控下，很容易完成"道本"的奠基与升华。我们知道，解决"人本"问题的根源首先在于解决"神本"问题。因为，人类在远古时代认识自身之前，首先"认识"的是神，总认为是浩瀚宇宙中的神在主宰着人的命运。所以，不解决人与神的关系问题，人就始终处于混沌、被动的状态。而中国儒家和古希腊几乎都是不约而同地通过"神"而找到了"天"，来明确人与天的关系。只不过古希腊是通过普罗泰戈拉"人是万物的尺度"①的命题以及苏格拉底"认识你自己"②的深刻反思一步就"登上了天"，让人成为神的立法者和裁决人。但在中国，经过秦汉后儒的发挥与拓展，儒学已经由孔子的"知天命"、孟子的"达于天命"进展到董仲舒的"天人感应"、张载的"天人合一"等层面，其思想的高度貌似达到了世界管理文化的顶端——对"道本"的追求与落实。但，实际上，还真正是处于"貌似达到"还没有达到的状态。根本的原因在于：

（1）儒家关于"天人观"的思想历来就错乱无序，缺乏逻辑与层次，看不到它的脉络与进展。除了前述孔子的"知天命"、孟子的"达于天命"、董仲舒的"天人感应"、张载的"天人合一"外，儒家在"天人观"方面的思想成果还有很多，其中有影响力的就有荀子的"天人相分"、刘禹锡的"天人交胜"、程颐的"天人本无二"、陆王的"尽心

① 李晓东.一本书读懂西方智慧[M].北京：北京师范大学出版社，2013:33.
② 王惠敏.最全最全的哈佛哲学课[M].北京：北京联合出版公司，2014:42.

同天"等等。如果我们稍加梳理就会发现，作为先秦儒家的孔、孟、荀就已经完成了从被动地"知天"到主动地"达天"再到能动地"分天"的人与自然宇宙关系的完整过程。但其后，从董仲舒的"天人感应"、到刘禹锡的"天人交胜"、张载的"天人合一"、再到程颐的"天人本无二"、陆王的"尽心同天"，基本上看不出清晰的逻辑与进程。即使是秦汉后儒的种种探索与表达，也没有突破先秦儒家的思想论域，仿如进入到一个思想的迷宫，找不到头绪和出路，自然也就无法有突破和提升。

（2）儒家天人观中的人始终没有上升为具有主体地位和决定作用的人。我们看到，荀子的"天人相分"指的是天和人各有其职，不能互相代替，天按照天的规律运行，人按照人的规律活动。因此，"天人相分"取得的是人和天的平等权。董仲舒的"天人感应"指的是人的活动与行为全都处于天的观测之中，人若为善，天则喜悦，也会示人以祥瑞，即出现凤凰、麒麟、灵芝等吉祥之物；反之，人若为恶，天就会愤怒，从而对人施以恶兆，就会发生地震、冰雹、日食等灾异的事件。[①] 所以，所谓"天人感应"不过是天对人的行为的回应，天是主体的、绝对的，人是从属的、渺小的。刘禹锡"天人交胜"的全称是"天人交相胜"，指的是"天与人都各自以其特殊的'能'（功能、作用、能力）胜过对方"[②]。与荀子的"天人相分"没有本质差异。张载的"天人合一"指的是天和人具有共同的"宿主"，比如说"气"，"气聚成人、气散为天"[③]，又比如说"诚"，"性与天道合一存乎诚"。正如同两个刚结婚的新人一样，因为有了共同的家，所以要互敬互爱。所以，这里的人和天不仅是分不出彼此、高下的两要素，而且显得异常的暧昧与含糊。故而季羡林先生说："'天人合一'就是人与大自然要合一，要和平共处，不要讲征服与被征服。"[④] 这样，对于一个渴望独立的女性而言，结婚就意味着不仅要接受丈夫的监督，还得接受婆婆的管束。其主体地位比"天人相分"和"天人交胜"还要低。程颐的"天人本无二"本来就是针对张载的"天人合一"说的，意思是说：男女双方的结合本来就已经是一家，为什么一定要搬出他们有共同的父母亲来强调他们是

① 芳园.国学知识一本全·分门别类介绍传统国学文化（耀世典藏版）[M].天津：天津人民出版社,2015:106.

② 张岱年,中国哲学大辞典 [M].上海：上海辞书出版社,2010:195.

③ 蔡晓璐.论乐之韵·中国古典音乐艺术精神研究 [M].北京：中国发展出版社,2015:81.

④ 李世萍,许振东.《诗经》品读 [M].石家庄：河北大学出版社,2014:141.

一家？那么，人在这里还是没有取得对天的决定权。至于陆九渊、王阳明的"尽心同天"，指的是两个人表达的基本相同的观点，陆九渊强调："心之甚大，若能尽我之心，便与天同。"王阳明强调："心即道，道即天，知心则知道知天。"[①]表面上，陆、王强化了人的主观能动性，但这种主观能动性的最大限度还在于"同天""知天"，还在如来佛的掌心中。可见，儒家天人观中的人还不是古希腊那个可以"度天""恨天""骂天"，最后是"翻天"的人。而如果人不能取得对象物的制高点，不仅不能观测它、评判它、裁决它，甚至不能触碰它。那么，它始终只能处在对象物的蒙昧和无知当中，也就无从谈把握它、革新它的可能了。

（3）秦汉后儒对自身的体认逻辑决定了人无法取得对天的决定权。对自身的体认是人本主义思想必须面对的问题。人如果不能对自己的主体资格及地位与作用有正确认识的话，就无法确立与外界其他事物的关系。而如果无法确立与其他事物之间的关系，那么，人肯定就是无知的，也是无能的。在总体上，从哲学的角度，整个世界的事物无非就是三个范畴："我""你"和"他"。"我"表示以自我为中心的主体；"你"表示"我"以外的其他人；"他"表示"我"以外的包括宇宙万物在内的其他物。以儒学为主体的中国哲学主要体现为"你哲学"，即主观为他人、客观为自己的人生哲学。而儒家确立的这种"你哲学"的思想路径也恰恰把人本主义的关照带入到"情感道德关怀"的死胡同。按理说，儒家文化并不缺乏对自身的体认与反思，它的"反身而诚""三省吾身""审思慎行"等，都体现了对自我的深刻检讨与反思。但问题恰恰在于，儒家的体认与反思是建立在对自身的苛求与抑制的基础上的。因而，体认与反思的结果是找出自身的不足和发扬自身的长处，没有也不允许张扬和标榜自身的功绩与优势，更不许将自身的观点强加给别人或向别人提无理要求。因而，其最后的结果必然是失去自身的主体性、独立性，人始终无法上升为天的"主宰"，无法站在比天还高、比神还远的角度来思考问题、提出决策。

---

① 《传习录（卷上）》。

第五章 儒家人本管理成果的产生及功用价值的实现

一、儒家高度精神文明的诞生

秦汉后儒在挖空先秦儒家"诚信道义"的"力本"主张和功利追求的台基时，在一定程度上坚持和强化了先秦儒家的"义本"追求，尤其是弘扬和拓展了先秦儒家"道上用功"的精神气质与文化内涵。尽管最终是把人推入了"复尽天理，灭尽人欲"的"非人"境地，但终究是把人"度"上了德性追求的终极"天堂"。在那里，虽然人的物质生活极端贫乏，但，精神生活却尤为充实。在这种状况下，人不仅可以忘掉痛苦而追求快乐，而且可以忘掉自身而成就他人。正因如此，这种境界的追求几乎成为党派、宗教的核心追求。因为，一个组织乃至家庭中，必须要有这样乐于奉献、舍己为人的担当。否则，许多公共事务和无法界定的事情，就必然会无人问津。最后的结果就是要么导致组织或家庭的瘫痪，要么解体。所以，"连合理利己主义者也承认，社会和他人是个人谋取自我利益的唯一保障，而且，一个人只有通过利他的手段才能达到利己的目的"[①]。法国资产阶级启蒙思想家霍尔巴赫更是直截了当地阐明了这种逻辑，他说："爱别人，就是爱那些使我们自己幸福的手段，就是要求他们生存、他们幸福，因为我们发现我们的幸福与此相联系。"即人们通常所说的"主观为他人，客观为自己"。也就是说，成就他人，无论对利己主义者还是利他主义者而言，都是有利无害的事情。只不过儒家利他主义在考虑自己的回报时，不是自己的满足与幸福，恰恰相反的是他人的满足与幸福，自己从而获得灵魂上的升华和道德上的精进。由于这一过程没有利己主义的"等价付出"要求，所以不存在"交换障碍"。因而，能够得到全面和彻底的实施。

---

① 孙慧玲.人格境界论[M].哈尔滨：黑龙江大学出版社,2015:89.

但，儒家的这种"毫不利己，专门利人"情怀也有其致命的弱点和缺陷。主要体现在以下几点：（1）在强劲的"只讲付出，不求回报"精神统领下，拿什么来做付出的保障？（2）在付出的过程中，如何保证不发生东郭先生与狼、农夫与蛇的事故？所以，儒家的这种不讲条件、不计代价的付出方式，正如同柏拉图的《理想国》、傅立叶的"法郎吉"一样，显而易见是行不通的。也让中华民族这样一个有着精深文化底蕴和博大人文情怀的文明古国吃尽了苦头，受尽了磨难，以至于屡屡受到一些文明化程度要低得多的游牧民族和文明起步要晚得多的海外民族的入侵和奴役。

儒家的"中庸"本来是可以弥补这一缺陷的。孔子也对此寄予了高度的期望和评价，他说："中庸之为德也，其至矣乎！"①他告诉人们，"中庸"作为一种道德修养，是最高的修养境界。并通过子张和子夏的事例告诉人们，"师也过，商也不及"，而总体情况是"过犹不及"②，即是要求做任何事情都要把持"中道"，既不能不达到要求，也不要过多地超过要求，要维持平衡，这实际上是自然界的基本规律。任何事物的发展都必须控制在一个合理的"度"之内，超过这个"度"就会打破平衡，就有可能招致危害。暴饮暴食对身体的影响、过涝过旱对生活的影响、过度开发对生态的影响等等，都是"反中庸"的恶果。但，恰恰又在于人们把持"中道"的这个"度"很难。所以，孔子感慨："不得中行而与之"③，即找不到奉行中庸之道的人与之交往。鉴于这种状况，孔子的孙子子思循着孔子的思路，专门创作了儒家的另一部经典《中庸》，对"行乎当行，止乎当止"的"中庸"法则进行了全面而深刻地阐述，为人们确立"致中和，天地位焉，万物育焉"④的"太平和合"境界提供了有效途径。为历朝历代的儒士们所看重，宋朝甚至专门将《中庸》和《大学》《论语》《孟子》合定为"四书"，作为学校教育的官定教材和科举考试的必考书目。儒家看似从内在机理上完成了人格追求的有效设计。而社会现实却残酷地告诉人们，在我们一面高举"中庸"的旗帜，倡导"中庸"的法则的同时，另一面却极速地滑入了"反中庸"的禁欲主义、专制主义深渊。所以，儒家的"中庸"不仅没有起到调节欲求、平衡

① 《论语·雍也》。

② 《论语·先进》。

③ 《论语·子路》。

④ 《国学经典，党员干部国学必修》编写组. 国学经典·党员干部国学必修[M]. 北京：国家行政学院出版社，2015：127.

机理的作用，相反，在借虎作势、极尽欲求的两面做派之中，助长了口是心非、官僚腐朽的社会风气。因而，我们大量地看到，在旧中国的众生相里，两面三刀、男盗女娼、欺善怕恶的现象比比皆是。

那么，是什么原因造成了这种严重的社会性"人格分裂"呢？究其原因，还在于儒家文化的机理性缺陷，即在儒家文化中缺少一种西方文化独有的"制度理性"。说穿了，就是儒家思想在理论上具有很好的体系性和完整性，但是，在实践中缺乏有效的监督和落实。而其根本的原因又在于儒家文化的"修""养""诚""信"，即是要求自己提升自己、自己约束自己，君子圣贤可能做得到，"小人""愚人"就难以保证了，尤其是那些有话语权的"小人"，他明明做的是违背社会公德的事情，却还要颠倒黑白，拿什么来约束他？又拿什么来惩处他？所以，这一机理性的缺陷，导致中国在循环腐朽的社会境况中走了两千多年。而自从我们引入了西方文明的"制度理性"，尤其是加强法制化建设以后，这一缺陷无论在理论上还是在实践中，都得到了极大的改善和修复。

第一，儒家文化包含着许多具有"普世意义"的价值理念。如"诚、信、礼、义"的行为准则，"中庸""和同"的思辨智慧，"好学""尚思"的人生态度，"见贤思齐"的进取精神，"大同""德政"的社会理想，以及"己所不欲，勿施于人""老吾老以及人之老，幼吾幼以及人之幼"等情深义重的伦理道德，等等，都是人类社会所追求和信仰的价值理念。

第二，儒家文化具有缜密的逻辑、精深的义理和厚重的底蕴。它的"君子务本，本立而道生""名不正则言不顺，言不顺则事不成"以及"修身齐家治国平天下"的义理逻辑，和"仁""礼""性""善"等道德源泉，由于其具有很强的合理性、包容性、应用性及生命力，不仅为所有接触者所认同，而且为所有应用者所折服。在中国历史上，许多弱小民族都是因为文化认同而融入中华民族的大家庭，还有个别民族如蒙古族、满族等，是在武力征服的过程中，反被儒家文化所征服，而成了中华民族的一员。这在世界文化史上都是奇观。

第三，儒家文化具有无私奉献、勇敢担当和始终如一的精神气质与意志品格。这既是它与西方文化的重大差异，也是它能够最终攀升为"道本"的最高文化层面的内在根源。我们前面已经有过交代，以古希腊文明为基础的西方文化在传承和发展的过程中，出现了主体异位的重大现象，即古希腊文明时期的社会下层，到文艺复兴时期时上升为社会主流。反之，古希腊时期的社会主流却沦为了资产阶级"革命"的对象。这种位置的颠倒，本身就会带来价值观的差异、悬殊或颠倒。何况这种传承还存在由古希腊到罗马及欧洲大陆的时间、空间、民族等许多差异。所以，由古希腊人文主义的"道本"情怀而直落为文艺复兴以及现代资本主义的"力本"境界，就一点也不值得惊讶和奇怪。相反，儒家在传承和发展的过程中，尽管也存在秦汉后儒和先秦儒家的认识差异。但，一方面，这种差异没有导致观念的割裂，尤其是没有导致传承主体的异位，而且都是在孔孟的旗帜下进行的"引申"与"发挥"。因此，无论是从发展的观念还是保守的观念来分析，都只会进不会退。这也是儒家人本能够从主流的"力本"、次从的"义本"而进至最后的"道本"的根本原因。另一方面，这种差异的根本点恰恰在于为了满足统治阶级的管理需要，有意识地抑制了先秦儒家基于功用意志、基于满足社会大众物质需求的"力本"追求。因而，也必须用更空洞、更高尚的"义本"和"道本"追求来填补。此外，在儒家人本的提升和西方人本的滑落过程中，还有一个非常重要的因素在发挥着作用。即儒家的精神品格和义理追求所体现的普世性远比西方文明所推崇的科学手段与物质能力要强得多。这主要因为儒家文化中的精神文明是一种"兼容性文化"，而西方文化中的物质文明是一种"排他性文化"。它体现在：当对方比你更高尚或者更上进时，他带给你的只会是更安全、更和谐；而当对方比你更富有或者更先进时，他带给你的只会是更紧迫、更危机。所以，通常情况下，人们会更希望别人比自己更绅士、更有修养，而绝少希望别人比自己更富有、更强大，尤其是对于竞争对手或政治死敌而言。因而，儒家的精神文明也就成为比物质文明更稀缺、更迫切、更现实的需要。特别是在生产力高度发达，人们物质需求的满足程度越来越高，又存在像西方制度理性的"任性"空间的情况下，儒家精神文明的"道上"境界和无私担当，既是对西方物质文明重大缺陷的一种弥补，又是社会可持续发展的核心保障。但，反过来，儒家精神文明支撑作用的发挥，也需要西方物质文明提供基础和进行监督。

二、儒家功用价值的实现

人们通常说儒家重义理轻事功，这在前面已对其做了较为深入的分析与总结。总体上看，儒家既有"重义理而轻功利"和"重义理而鄙功利"的明显倾向，但同时也存在"重义理而次功利"的价值取向。也就是说，儒家并不是完全不要利，只是将利摆在"义"以后的位置。特别是孔子本人，他是一个坚定的由"利"而"义"的践行主义者。关于这一点，在前文中都有表述。如果人们觉得即便是孔子的身体力行和《论语》的完全"用"意仍显得不够功利，或无法做到效用最大化，或至少是没有看到功利的结果的话。那么，我们再来做一点原始的探究就会发现，儒家在底子上其实是有扎实的功用追求与能力的。

我们知道，中国历史上传承了二千多年的儒学，其实并不是原始或本来意义上的儒学。而自秦汉以后，儒学就走上了"五经"之路，特别是明清以后，儒学主要框括在"四书"之中。然而，无论"五经"还是"四书"，比之于孔子所倡导的"六艺"，不仅其内涵要偏窄得多，而且其本末也基本倒置。孔学之所以兴起，内在的根本原因是孔子鉴于当时的礼崩乐坏，孔子认为要复兴尧舜盛世的根本途径就是"克己复礼"。因此，在先秦儒家的典籍中，礼乐占有重要的地位，《仪礼》17 篇 78000 余字，加之失传的《乐经》，在先秦儒家经典留存下来的总计 246000 余字（其中"四书"共计约 63000 余字，《诗经》37000 余字，《尚书》32000 余字，《礼记》69000 余字，《周易》24000 余字，《春秋》18000 余字）的典籍中，礼乐的篇幅占到了三分之一以上，而"四书"的篇幅可能仅及礼乐的二分之一，只占整个儒家经典的五分之一左右。更为重要的是，孔子的出发点是"礼""乐"。孔子曰："不知礼，无以立。""兴于诗，立于礼，成于乐。""君臣、上下、父子、兄弟，非礼不定。"用贺昌群先生的话说，"大约言之，就学术之本质论，儒家以致治之隆，端在礼乐。乐尚和，故远推尧舜，礼尚文，其节目为制度，故从周。"[①] 然而，"五经"是仅存"礼"不见"乐"，而"四书"可以说是"礼""乐"俱无。因为，《大学》和《中庸》尽管是"礼"中篇目，但比之于《仪礼》和《礼记》中的具体礼"仪"，最多只能算是"礼念"，不仅空虚，而且玄奥。朱熹以此"用作小学教科书"，其结果是挖空了儒学的墙脚，使儒学变成了一副仅存形骸而不见躯体的精神象征。因为，第一，用大学的内容教小学，不仅

---

① 贺昌群. 魏晋清谈思想初论 [M]. 北京：商务印书馆，1999:77.

存在认识论上的急功近利，而且存在方法论上的舍本求末。第二，去掉了礼乐中的具体内容再来谈仁礼，就如同拉虎皮做大旗，除了表面上的功夫外没有任何实质内容。这样也就在客观上造成了历代文人都有"礼念"却不知且不屑于"礼仪"，将读书穷理与精工巧技对立起来的为学风气，与中国在此后的两千多年中无法走上自然科学之路有着必然联系。因为，在孔子所教之"六艺"中"礼、乐、射、御、数"等"实学"占其五，如果将朱熹之"四书"相对照，应该说只取了其一，而且是大大缩水之"一"，因为实际上孔子在其教学中的"书"不仅指作为史学的《尚书》，还包括了作为文学艺术的《诗经》（《诗经》中的诗在当时都是能演唱的歌词，有风、雅、颂之分），以及作为天文阴阳的《周易》，应该说孔子的教学门类是比较齐全的，是面向当时各个阶层的，是有实用主义的用意的。所以，孔子曰："礼云礼云，玉帛云乎哉？乐云乐云，钟鼓云乎哉？"[①]他在一方面讽刺只讲形式上的仁礼现象时，又何尝不是在另一方面强调形式上的仁礼现象的重要性呢？因为，反过来说，只讲形式上的"玉帛""钟鼓"，是没有办法进到实质上的礼仁的；但如果说，连形式上的"玉帛""钟鼓"也没有了，哪还有实质上的礼仁呢？因此，在此后的长时期里，读书既不和生产劳动相结合，也不和穿衣吃饭相联系，就纯粹变成了读书人的事。就连自感"书中自有黄金屋，书中自有颜如玉"的读书人也觉得读书的空虚与愧疚。而自唐以来就妇孺皆知的那两首"悯农"诗："锄禾日当午，汗滴禾下土，谁知盘中餐，粒粒皆辛苦"与"春种一粒粟，秋收万颗子。四海无闲田，农夫犹饿死"就既无情地揭露了当时的社会现实，又深刻地反映了读书与生产劳动的严重对立。故而，我们可以做出基本的结论：其一，儒家是有功利意志的，而且其功利意志的潜力不可忽视；其二，之所以看不到儒家功利意志的具体体现，主要在于儒家后学断章取义的结果。如果我们能够重拾儒家功利意志的内核，再辅以儒家功利道德中的"先予后取""先人后己""取用有道"等原则，以及"中庸""和同"等思想，那么，儒家人本管理思想与理论不仅可以在内在法则上修补西方人本管理"道本"及"义本"中的重大缺失，而且可以在外在形式上把握西方人本管理"力本"运行中的方向。

---

① 《论语·阳货》。

（一）日本儒学的良好长势

日本是世界上儒学推广较早的国家。据《日本书纪》记载，应神天皇十六年（285 年），百济博士王仁携带《论语》十卷和《千字文》一卷东渡，献于日本应神天皇作为皇太子菟道稚郎子的教科书，并被聘为皇太子的老师，距今已有了 1700 多年的历史。儒学在中国以外的其他国家的传播和发展，能形成一个带有本国特色的完整体系，并长期成为国家社会意识形态的核心，除朝鲜就是日本了。

与朝鲜不同的是，日本对于儒学，不仅仅停留在学习的层面，而是将其应用于社会生活的各个方面。公元 593 年，20 岁的厩户皇子被立为女帝推古天皇的太子，史称圣德太子。为了打击世袭的氏姓贵族的势力，圣德太子利用摄政之机，制定了《冠位十二阶》。十二阶冠位中的名称以儒家伦理中的德目为依据。即在儒家"仁、礼、信、义、智"之上冠以"德"，再各分大小，从而组成"大德、小德、大仁、小仁、大礼、小礼、大信、小信、大义、小义、大智、小智"十二级官阶；其后不久，又发生了以"中国化"为最高理想的"大化革新"，革新的主要手段便是"德治""仁政"和"忠孝"，统治集团是希望通过儒家成人观中这些最有利于营造和谐氛围的观念，来构建高度权威与强盛的封建集权国家；江户时代，日本开始以儒家思想指导和武装武士，从而形成日本独有的以忠君、爱国、忠诚、牺牲、信义、廉耻、名誉、尚武等种种道德信条为内容的"武士道"精神；同时，以儒家"正直、俭约"为核心内容的町人伦理也在日本形成。日本学者森岛通夫在总结这段历史时说："明治维新前，日本一直处在中国文化的影响之下。"言外之意是明治维新以后，日本就摆脱了中国文化的影响。实际情况又如何呢？同样是日本学者的宇野精一在其《明治以后的儒教》一文中开宗明义就写道："明治维新的原动力是朱子学呢？还是水户学或阳阴学？尽管有各种议论，但我认为总而言之是汉学，即事实上是儒教。这一点是没有异议的。"而同时为宇野的话提供佐证的是，在明治维新中颁布的颇具影响力的《教育敕语》中就有："尔臣民孝于父母、友于兄弟、夫妇相和、朋友相信、恭俭持己、博爱及众、修学习业以启发智能、成就德器。……斯道也，实为我皇祖皇宗之遗训，而子孙臣民之所当遵守。"的完全合于儒家精义的教学敕令。

而最为典型也最具影响力的则莫过于儒学在日本现代企业的应用。有"日本企业之父"

之称的涩泽荣一无疑是这一工程的奠基人。涩泽荣一出生在日本武州血洗岛的一个农民家庭，从七岁起就受业于儒家学者尾高忠淳，学习四书五经等儒家经书和史记、十八史略等汉学典籍，深受儒家义理的熏陶，并具备了坚实的汉学基础。明治维新以后，涩泽深感"日本强盛的当务之急在振兴工商实业"，而振兴工商实业的出路，"认定只能从《论语》中来寻找答案"，他认为，"只有用《论语》中儒家的道德理想来作为自己心灵的支柱，培养起自己的道德承担能力，自己进入商界后才不会被污染毁灭，从而才能实现自己富民富国的理想。"他说："《论语》里所说的是修己交人的日用之教，我可按照《论语》的教谕经商谋利。"为此，他提出了"义利合一"的经营主张和"士魂商才"的人格理想。

所谓"义利合一"，涩泽荣一将其解释为："《论语》中有算盘，算盘中有《论语》"，"打算盘是利，《论语》是道德"，二者相互依存并相互转化。也就是说，"不断依据《论语》（义）中得出算盘（利）之理，又从算盘中悟出《论语》有真正的致富之道"。在他看来，"抛弃利益的道德不是真正的道德，而完全的财富、正当的殖利必须伴随道德。"按照他的理解，"义利合一"有两层含义：一是承认工商谋利活动有其正当的价值，不应该予以否定，只要用道德对其进行规范指导，使其符合伦理的目的。二是义利可以转化，以公益为利，则利即是义，义利不分。他从孔子"君子喻于义，小人喻于利"的义理思想出发，认为只要对国家公众有益的事业，必定可久可大，应该出于"义"的考虑去做，即使目前有所亏损也在所不辞；而对国家公众无益的投机之利，必不久远，于公于私都不应该考虑。

所谓"士魂商才"，涩泽是从菅原道真①的"和魂汉才"中悟得。所谓"和魂汉才"，是将日本国民普遍提倡的"大和精神"与汉学（依然是指儒学）相结合的民族信仰。但由于长期的军阀割据和战乱，日本整体的"大和精神"实际上已不存在。相反，作为战时精神支柱和平时统治工具的武士在社会上的影响越来越大，加之涩泽本人对武士生活的仰慕，他主张用"士魂"取代"和魂"；又由于他对商业富国的认识，主张用"商才"代替"汉才"。但，同时由于他对儒家思想的高度重视。因此，涩泽荣一之所谓"士魂"，实际上"是指儒家义理熏陶出来的以家国天下为己任的道德精神"，而他之所谓"商才"，则"是

① ［日］菅原道真（845—903），日本平安中期公卿、学者。生于世代学者之家。长于汉诗，被日本人尊为学问之神。遗存有《菅本论语》等著述。

指实现以家国天下为己任的道德精神所必需的商业才干"。

涩泽将他的这一整套思想运用于实践，创造了惊人的奇迹。在他50余年的商业生涯中，他先后创立了日本第一劝业银行、王子制纸会社、日本邮船会社、大阪纺织会社等500余家大型企业，其中的许多企业至今还在产生影响。而涩泽的重大作用还在于他开启了日本商业与儒家精神相结合的先河，为此后日本经济的繁荣创造了条件。

此外，儒家成人思想在日本的应用还涉及专业的女子教育，如兴起于中世纪的日本女训，它除了包含儒家三从思德、男尊女卑等消极因素外，更主要的内容是饮食起居、化妆裁剪、遣使用人等；日本家庭中关于"忠""孝""和""爱"等思想也一直根深蒂固；而以家庭为基础的日本家族观念中，"忠""孝""仁""勇"等要素都发挥着积极的作用；为了适应近现代政治、经济、文化等发展的需要，日本甚至形成了以忠于领主、献身集团的超家族伦理价值观，而且"其重要性超过了家族本身"；而日本社团和学术组织中的儒家氛围就更其浓厚，如日本最具影响力的文化社团"斯文学会"，在其创社告文中就明确提出："古来中国文学之传入，所谓道德仁义之说，制度典章之仪为历朝所采择，举世所崇尚亦不可否认。……外交始开，世态渐迁，大政维新，以至百度一变。人人竞讲欧美之学，户户争读英法之书……为振兴此道，兴隆斯文以匡济时弊。……惟望我邦礼义廉耻之教与彼欧美开物成务之学并行不悖，众美骈进，群贤辈出以翼赞裨补明治之太平……庶几不背于其君子国之称。"尽管其"御用"的意图已昭然若揭，但其儒学情结也溢于言表；即使日本现代军人和警察，也都以"正礼仪""尚勇武""重信义"等儒家精神为信条。

所以，美国学者赖肖尔认为，当代的日本人，显然已不再是德川时代他们的祖先意义上的孔教门徒了，但是，他们身上仍然渗透着孔教的伦理道德观念……今天，几乎没有一个人认为自己是孔教徒了，但在某种意义上，几乎所有的日本人都是孔教徒。

在笔者看来，赖肖尔的话无疑具有一语双关的意义。一方面，他揭示或者肯定了日本文化中儒家要素的地位和作用；但，另一方面，他也看到了儒家要素在日本文化中的嬗变或者异化。而关于这一点，在现代日本体现得尤为明显。他们以儒学为"实学"，并将这种"实学"发挥到了极致，只可惜他们过于追求这种"实"，以至于完全停留在"器"的层面上。就世俗生活而言，他们看重的是技巧，是谋生的手段。至于如何通过心性修养来提高他们的生命境界，则是他们不甚关心的。比如说，日本人也看重一个'道'字，有茶道、柔道、武士道等说法。然而日本人的'道'不是形而上的，而是形而下的，大多体现为技巧层面上的东西。正如日本思想家佐久间象山在对中西文化进行总结时所指出的："人谓泰西之学盛，孔子之教必衰；予谓泰西之学行，孔子之教滋得其资。夫泰西之学，艺术也；孔子之教，道德也。道德譬则食也，艺术譬则菜肉也，菜肉可以助食气，孰谓可以菜肉而损其味也。"可见，日本学界和民众更乐于以"食"和"菜肉"的形式来理解和接受外国文化。

但无论如何，自第二次世界大战以后的日本，凭着他们对儒家文化的理解与运用，其经济取得了令人瞠目的进展，由20世纪中期的一个经济几乎崩溃的战败国，在不到三十年的时间里，一跃而为世界第二大经济强国。西方学者在惊叹之余，得到的答案是：包括日本在内的东亚国家的人民之所以特别善于组织并获得成功，皆因他们大多曾受儒家思想熏陶而具有一些共同文化特征。这些特征是：家庭内的社会化过程特别强调自制、教育、学习技艺，以严肃的态度对待工作、家庭、义务；协助个人所认同的群体；重视阶层并视之为理所当然；重视人际关系的互补性。并有人据此提出了"新儒教国家"（杜维明、肯尼思·墨菲等）、"儒教资本主义"（弗兰克·吉布尼等）及"儒教文化圈"（Samuel P. Huntington、金日坤等）的观点。

（二）新加坡儒学的勃然兴起

儒学在新加坡的传播时间较晚。最早在19世纪初，大体可以分三个时期。

第一个时期从1819年新加坡开港到19世纪末。这个时期主要是由一些前往新加坡谋生的农民、小手工业者将儒家传输给民间的一些信仰、习俗及规范等带到了新加坡，他们以儒家吃苦耐劳、勤俭朴实、尊老敬贤、勇敢正直等优秀品质影响当地民风；同时，谋生华人中的知识分子也开始兴办私学，教授儒家伦理。新加坡华人企业家郭松年曾不无感慨地说："从小我们就被灌输儒家的道德价值观。老人经常教导我们要讲商业道德、重视荣誉、言而有信，这一切都深深印在我们心里。"①

第二个时期从19世纪末到20世纪70年代。这一时期，一方面由于新加坡华人知识

---

① ［美］约翰·奈斯比特. 亚洲大趋势［M］. 转引自姜林祥. 儒学在国外的传播与影响［M］. 济南：齐鲁书社，2004：162.

分子的出现，已开始有系统地传播儒家文化；另一方面，由于国内戊戌变法的失败及同盟会一系列革命活动受挫，许多思想家和革命活动家纷纷来到华人华侨社会，他们在寻求革命支持的同时，也极大地促进了儒家思想在当地的传播，华语学校与儒家会社如雨后春笋般建立。

第三个时期是从 20 世纪开始。1959 年，新加坡摆脱了英国殖民统治，迅即按照西方模式走工业化道路。从 1960 年到 1980 年的 20 年间，新加坡维持了 8% 以上的经济增长率。到 1996 年，它的人均国民生产总值从 1959 年的 440 美元上升到 2.23 万美元，成为世界第九大富国，超过了英国和新西兰。1995 年外汇储备已超过 560 亿美元，人们的衣食住行都有了极大的改善。为此，美国《纽约人》周刊撰稿人塞思尔在考察了新加坡后撰文说："新加坡几乎没有贫穷，没有无家可归的人，没有乞丐，……新加坡的繁荣是广泛分享的，新加坡的生活连许多日本人也甚为羡慕。"[①]

然而，正是在这种经济繁荣的背景下，却潜藏了严重的精神文化空虚和道德危机，随西方经济模式而涌入的还有观念和生活方式，造成了社会上人们的个人主义膨胀，家庭结构松散甚至解体，唯利是图，贪图享受，人际关系冷漠等等不良现象。针对这种情况，新加坡领导当局反省道："当前的道德危机，反映了两大根本问题：一是东方优良传统和价值的失落，使得现代新加坡人成为没有根，也即是没有文化的人。这道德危机，是因认同危机所造成的。换言之，如果我们可以保留东方价值观，便可以建立文化信心，足以抗拒西方（败坏）文明的侵蚀。另外一个根本问题，也是造成东方传统价值没落的一个因素，是大家庭的解组（为核心家庭所取代），削弱了东方传统中最根本的孝道精神。家庭既是社会的基本单位，三代同堂大家庭的消失，动摇了社会稳定的基础。"正是在这种情形下，1979 年 6 月，新加坡开始了第一次全国性的礼貌月活动（以后每年举行一次），9 月全国性的华语运动又随之展开，其目的在于加强语言、文化及民族认同之间的关系。1982 年，在李光耀的亲自过问下，在全国中小学开展儒家伦理教育，开设儒家伦理课程。儒家伦理课程的主要内容是培养学生礼貌、诚实、毅力、仁爱、爱国、尽职、守法、效忠等品德，以期使学生成为自尊自爱的好公民。并由副总理吴庆瑞率团赴美邀请多名儒学专家到新加

---

① 何成轩 . 儒学与现代社会 [M]. 沈阳：沈阳出版社 ,2001:369.

坡，为儒家伦理课程开设拟定大纲，并组成了以余英时、杜维明教授为海外顾问，吕武吉、梁元生博士为本地顾问，刘蕙霞博士为主任，包括其他协办单位为成员的儒家伦理课程编写组，同时新加坡政府还成立了以吴德耀教授为首的"儒家伦理教育委员会"，协助教育部拟订课程纲要。教育部结合新加坡的具体情况，确定这一课程把向学生传授适合新加坡社会的儒家伦理价值观念，培养学生积极正确的人生观，使学生成为有理想、有道德的人作为教学目的，编制出课程的大纲和教材。1984年1月开始在所选定的15所中学试教，1985年2月教材正式出版使用。这使新加坡成为世界上第一个把儒家伦理编成教材在学校里正式开设儒家伦理课程的国家。

与此同时，新加坡政府还从20世纪80年代末开始，在全国范围内开展社会性的公民道德教育，意在把儒家的基本价值观升华成一套国家意识，在学校、工作场所和家庭落实，成为一种生活方式。并将这种"国家意识"称之为"各个种族和所有信仰的新加坡人都赞同并赖以生存的共同价值观"。1989年1月，新加坡总统黄金辉在国会开幕仪式上的演讲中，正式提出了共同价值观的主要内容：国家至上，社会为先；家庭为根，社会为本；求同存异，协商共识；种族和谐，宗教宽容。后经政府内外各界人士的广泛讨论，1991年1月，新加坡政府公布了《共同价值观白皮书》，在前四点内容的基础上增加了"关怀扶持，同舟共济"一点。在此基础上，新加坡政府又着手建立尊老敬老社会机制和制定赡养父母法案，以便将儒家价值观落到实处。

新加坡儒学在内涵上剔除了传统儒学中带有强烈封建性色彩的政治学说，强化了其中关于个人道德修养的内容，意在突出儒家价值观和成人、成才人格的塑造。他们以儒家忠、孝、仁爱、礼义、廉耻为核心内容，结合新加坡的具体国情，赋予其新的内涵：

忠，就是忠于国家，要有国民意识，增强群体意识，把国家利益放在首位。孝就是孝顺长辈，尊老敬贤，形成尊老和孝敬父母的社会风气。仁爱，就是要有怜悯心、同情心和友爱精神，尊重关心他人。坚持和谐至上的人际关系原则。礼义，就是接物待人以礼义相待，坦诚守信，养成良好的社会公德心。廉耻，就是要秉公守法，清正廉洁，杜拒贪污受贿和裙带风。

通过一系列的努力，目前在新加坡社会基本形成入世有为、廉洁勤政的进取精神，节俭朴实、忠诚信义的良好风气，团结友爱、和谐共处的人际氛围，使得新加坡真正成为名副其实的亚洲小龙。

（三）欧美儒学的顽强与执着

儒学在欧美的顽强与执着，主要是从三个方面反映出来的。

第一，尽管欧美从一开始就对儒学表现出了令人难以置信的好奇与好感，但儒学始终都没有被作为重要的管理思想进入管理领域，更没有被系统地加以研究和利用。

中国文化传入欧洲，最早可以追溯到元朝，马可·波罗在他的游记里面除了详细地介绍中国当时的器物文明外，还较深入地反映了中国的风土人情和典章制度。但真正对儒家文化予以关注并加以研究的当推明朝时来到中国的意大利传教士利玛窦，他大量搜集儒家典籍并根据自己的理解写成心得笔记，后来由他的学生、法国传教士金尼阁整理为《基督教在中国传播史》，其中包括风土习惯、宗教信仰、各种伦业道德思想体系，特别是圣人孔子的言行和儒家经典以及儒生在社会上的崇高地位。有人认为，该书对欧洲文学、科学、哲学、宗教及生活方面的影响，或许要超过 17 世纪其他任何的史学著作。以后又相继有《海外传教士书简集》《北京传教士关于中国人的历史、学术、艺术、风俗习惯等论丛》在法国巴黎出版，引起了法国乃至欧洲社会的轰动，许多思想家如伏尔泰、霍尔巴赫、魁奈、莱布尼茨、休谟等人都因此受到儒家思想的影响。儒学传入美国已经到了 19 世纪初。1830 年，美国第一个海外传教团体"美国海外传教工作理事会"派传教士来华。传教士进入中国后，在进行宗教活动的同时着手调查和研究中国，撰写了大量关于中国社会和中国文化的著作，包括儒学在内的美国中国学由此起步。

欧美尤其是欧洲人接触到包括儒学在内的中国文化的那份喜悦与感情，不仅出乎儒家文化圈人的意料，甚至也出乎欧洲人自己的意料。当 16 世纪中国文化传入法国时，法国王室就欣然地接受了它，法国历代国王不仅十分喜爱来自中国的艺术品，而且更喜爱中国人的生活情趣。在 1667 年的一次祭典活动中，法国国王路易十四竟然化装成中国人，使出席庆典者大为惊异。而在 18 世纪开始的第一个元旦，法国王宫又举行了中国式的庆典活动，一切应用全模仿中国人的做法。

由于国王和宫廷的提倡，社会各阶层都竞相效仿。特别是文化艺术界人士，从日常生活装饰到文化艺术都以中国为时尚。于是中国的瓷器、丝绸、漆雕、绘画、诗歌、戏剧、园林、建筑以及典章文物，风靡于法国社会并迅速传播到英、德、意等西欧和南欧诸国，被称作"罗柯柯艺术"（Rococo）、"启明时代"、"感情主义时代"。

英国人赫德逊的在描述这一感受时写道："在远东有一个与罗马同样古老的帝国，现在依然存在，人口和整个欧洲一样多，没有世袭贵族及教会的特权，由天赐的皇权通过学者——官吏的官僚机构来统治。"姜林祥教授在对这段话进行总结时写道："他们非常欣赏中国的教育制度和官吏选拔制度，因为官吏的主要成员来自通过考试从下层选拔上来的优秀读书人。这些官吏没有世袭的特权，这对于官位世袭，贵族拥有极大特权的欧洲来说，中国是他们理想的政治制度模式。"尽管如此，"在总体上，他们不是接受儒学，而是研究和评价儒学。"

第二，儒学在欧美的传播经历了反复和挫折。

思想启蒙尤其是工业革命以前，欧洲的经济、文化及政治制度，都在中国之后。因此，在18世纪，欧洲的思想家们，对于中国思想文化一直抱有仰慕之情，在多数启蒙学者笔下，中国被描述为由一群有理性的哲人治理的模范国家、模范社会，中国传统文化是理性的完美体现。关于这一点，伏尔泰曾经坦言："如果要从世上发生的事情中得出教训的话，首先，东洋是一切艺术的摇篮，并且应注意西洋的一切都有赖于此。"霍尔巴赫也说："人们感到，在这个幅员辽阔的国家中，伦理道德是一切具有理性的人的唯一宗教。"狄德罗则针对当时已经抬头的欧洲中心主义情绪，深刻地启示道："我们是大诗人，大哲学家，大辩士，大建筑家，大天文学家，大地理学家，胜过这些善良的人民（指中国人）。但是，他们比我们更懂得善意与道德的科学。如果有一天发现这种学说是居一切科学的第一位，那么他们将可以确定地说，他们有两只眼，我们只有一只眼，而全世界的其他人都是盲者了。"

关于孔子以及儒学，赫德逊是这样表述的："中国的孔子变成了18世纪欧洲思想界的目标之一，孔子的哲学理性观也成为当时进步思想的来源之一，其影响遂及于法、德、英各国；虽然各国所受影响不同，而要之以异端的孔子作他们反对宗教哲学主张的护身牌，却是一致的。孔子学说成为时髦的东西，引起了欧洲一般知识界人士对于孔子著书的兴趣，大大耸动了人心。"[1] "欧洲 18 世纪是所谓哲学的时代，是资产阶级哲学开始对于宗教文化之扬弃而发生了的哲学时代。固然这种哲学文化的产生，从一方面说是欧洲当时一定物质基础上的上层建筑，有它独特的前后相承的发展规律，即使受中国的影响，也必须通过自身的社会经济条件才起作用；但从另一方面来说，却不能否定它是受了中国文化影响，而为中国哲学文化的传播。所以孔子的思想在这时使成为某些人反对宗教文化之一个武器，孔子哲学的研究也不限于宗教界，尤其在当时一些自由思想家中。既因这个缘故，遂使中国的哲学文化成为十八世纪欧洲思想所吸取的外来成分。"

美国人威尔士·威廉姆斯（Wells Willianms, 1812—1884）也指出，儒家思想的许多精华，如中国人伦理道德观、人格品性等都是可以乐以称道的。并认为，孔子的著作同希腊和罗马哲人的训言相比，它的总旨趣是良好的，在应用到它所处的社会和它优越的实用性质，则超出了西方的哲人……四书五经的实质与其他著作相比，不仅在文学上兴味隽永，文字上引人入胜，而且还对千百万人的思想施加了无可比拟的影响。由此看来，这些书所造成的势力，除了《圣经》以外，是任何别的书都无法与之匹敌的。德国哲学家、思想家莱布尼茨更是感慨道："谁人过去曾经想到，地球上还存在着这么一个民族，它比我们这个自以为在所有方面都教养有素的民族更加具有道德修养，自从我们认识中国人之后，便在他们身上发现了这点，如果说我们在手工艺技能上与之相比不分上下，而在思辨科学方面略胜一筹的话，那么在实践哲学方面，即在生活与人类实际方面的伦理以及治国学说方面，我们实在是相形见绌了。"

进入 19 世纪以后，"欧洲文明的巨大进展，它现在开始是在远远超过中国的水平上运动着。工业革命和蒸汽机时代给予欧洲人以一种他们前所未有的优势感和效率感。欧洲人现在觉得自己不仅在自然科学、贸易和发明创造方面，而且也在伏尔泰认为中国人已经是完美了的伦理学方面，都是最优异的"[2]。因而，欧美的许多思想家、政治家都不约而同地膨胀出了政治、经济、文化优越论思想，他们开始带有一种欧洲中心主义、进步主义的观念，断言其他文化，相对于欧洲文化而言，在相当长的时期内出现了"停滞性"，并

---

[1] ［英］赫德逊. 欧洲与中国 [M]. 王遵仲，译，北京：中华书局，1995:189.

[2] ［英］赫德逊. 欧洲与中国 [M]. 王遵仲，译，北京：中华书局，1995:301—302.

认为亚洲这一广阔地域所发生的一切，在此创造出来的、加以施行的所有一切，全都不过是欧洲历史的前奏曲而已。马克斯·韦伯更是做出了"只有欧洲才存在合理性"的论断。而对于中国的历史和文化，黑格尔评价说：从孔子的主要作品《论语》中，我们可以看到许多正确的道德箴言，但里面所讲到的"是一种常识的道德，这种常识道德我们在哪里都找得到，在哪一个民族里都找得到，可能还要好些，这是毫无出色之点的东西"。在黑格尔看来，孔子"只是一个实际的世间智者，在他那里思辨的哲学是一点也没有的——只有一些善良的、老练的、道德的教训，从里面我们不能获得什么特殊的东西"。并因为中国的"理论思维没有达到超过道德范畴的类似法权制度的议论阶段"，而指责"中国人在漫长的历史中停滞在幼稚文化的阶段"。

但好景不长，随着两次世界大战的爆发，他们对他们自己的文明所潜在的内在矛盾与冲突，对物质丰富所能代表和诠释的未来朝向，以及对他们向来引以骄傲和自豪的文化与制度，都产生了深刻的怀疑与不满。对这种怀疑和不满，陈学明是一口气列举了五大思想家、五大社会思潮、两家杂志和十部著作的主要观点和言论，他最后总结说："我们几乎不再需要对此还说些什么。我们相信无论什么人，只要他并不是拘泥于自己的私利硬要'指鹿为马'，即非要为了维护自己的私利为资本主义高唱赞歌，那他一定会被这些西方思想家的批判所触动。如果他原先认定当代资本主义制度是最美好的社会制度的话，那么他一定会感到有必要重新审视一下自己的观点，并做出某种改变。"更为重要的是，西方学者们在审视他们自身的同时，也开始重新审视其他国家和地区，他们发现，民族独立后的一些亚洲国家和地区在经济上的迅猛发展，其背后有一个儒家文化背景的支撑。而且他们还发现，西方现代化的模式，给人们带来的不都是幸福，许多社会弊端正威胁着人们的生活环境，很可能，西方的物质生活将从东方获得精神文明的补充。

也正是在这样一种思想的主导下，现代儒学在西方既不是作为异己的力量而存在，也不是作为值得"同情"和"敬意"的学术态度而存在，它已经被作为一种生活哲学和伦理需要而存在。现在，西方已经普遍接受了如下看法：封建帝制下的儒学既是强有力的又是柔韧的信条，它的强有力足以使它把它的价值观强加于世人，它的柔韧足以使它在长达两千余年间不断自我调节而适应着不断变化的形势。正如美国加州大学圣地亚哥分校历史系教授墨子刻（Thomas Metzger）1977 年在其所著的《摆脱困境——新儒学与中国政治文化的演进》一书中所说："韦伯在他的时代要说明中国的失败，我们则必须解释它的成功。看来很矛盾，两者都强调它的民族精神气质的作用。这句话非常贴切地反映了两种时代背景下欧美儒学的重大变化。"

第三，儒学经过时间的洗礼与验证，正得到欧美越来越多的人的关注与重视。

经过两次世界大战，更确切地说是经过了人类两千年历史的检验，儒学不仅被证明不是祸乱的根源，而且还被证明是制止祸乱的良药，这与西方文明的特性是相反的。因而，儒学再度引起了欧美人的关注与重视。这些关注与重视的具体体现在：（1）由现象研究进入本质研究。这里所谓现象研究，是指西方以往对于儒学的研究主要是把它作为一种"存在"而加以了解、消化和分析，以及是从好奇或关顾的心理就"东方之所以产生这种理论"的原因、内容及作用等所做的研究，是为东方人所做的研究，亦即所谓"为研究而研究"。而所谓本质研究，则是指实用性研究，是通过研究东方的理论为西方提供借鉴和寻求出路。那么，这一时期脱离于偏狭的比较研究的务实的比较研究的兴起就是很好的明证。所谓偏狭的比较研究，是指西方以往进行比较研究时通常习惯于用自己的长处比别人的短处，以寻求心理上的平衡与优势，如"法国人大谈雨果、巴尔扎克对他国的影响，德国人则大谈歌德对他国的影响，英国人则大谈拜伦、司各特对他国的影响，如此等等"，更有甚者，"意大利人……甚至不允许外国人赞赏或模仿他们的文学"；而所谓务实的比较研究则是指能够站在客观的立场上进行比较全面地分析和研究，得出的结论也通常客观而真实，"它就各种主题把儒学同西方其他哲学进行比较"。如美国汉学家卜德（Derk Bodde）的《论中国哲学的和谐与冲突》、狄百瑞 (Theodore de Bary) 的《中国的自由主义传统》、施华慈 (Benjamin Schwartz) 的《共产主义与中国：思想与潮流》以及郝大维（Hall,David L）与安东哲 (Ames Roger T) 的《按照孔子思维》等等，都在一定的程度上反映了这种趋势。（2）有了一个初具规模的研究群体，尤以美国突出。从 20 世纪 70 年代起，美国就逐渐成为继大陆和港台之后的发展和丰富中国哲学的第三块基地。早在 1980 年，加利福尼亚大学教授、美籍华裔学者吴森就在纽约出版的《今日东方哲学》中描绘了中国大陆之外的当代中国哲学所呈现的纷繁复杂的壮观景象，明确地把美国列为中国大陆、港台之外中国哲学生长的又一处主要园地。其后，美国成为发展中国哲学的第三块基地的趋势有了进一步的增强。这个群体的成员大体分为两类：一类是美国本土出生的学者，如狄百瑞、芬格利特、尼维森、郝大维、安乐哲等。他们对中国文化，尤其是对中国哲学有精深的研究，并且都能提出一些独到的见解，有的人关于中国文化、中国哲学的著作等身。另一类是由中国大陆、港台、东南亚移居到美国的华人学者，他们都是学贯中西的学者，发表了不少论述中国哲学的英文著作，产生了很大影响。这两类人在美国的中国哲学研究领域平分秋色，相互之间保持着密切的关系。（3）产生了一大批研究成果和广泛的社会影响。没有人对西方这一时期的儒学研究成果做具体的统计，但仅《易经》的研究文献就达几乎 500 种，而"西方大学中关于儒学课题的博士论文同样数目极大。其篇幅、内容的多样性，学术成就和质量，以及所牵涉的不同国籍，的确可以形成一个独一无二的儒学研究统一体。"[①]1988 年 1 月，75 位诺贝尔奖获得者聚集巴黎，在会议宣言中明确声明："如果人类要在 21 世纪生存下去，必须回头到 2500 年前去汲取孔子的智慧"。

---

① 姜林祥 . 儒学在国外的传播与影响 [M]. 沈阳：齐鲁书社，2004:316.